Pascal Fioretto

Un condamné à rire s'est échappé

Plon
www.plon.fr

12, avenue d'Italie
75013 Paris
Tél. : 01 44 16 09 00
Fax : 01 44 16 09 01
www.plon.fr

ISBN : 978-2-259-22741-4

A M.,
Sans qui rien.

Sommaire

« La beauté du monde, si éphémère, a deux arêtes :
Celle du rire, celle de l'angoisse.
Elles coupent le cœur en deux. »

Virginia Woolf, *Une chambre à soi.*

Peignoir

Aujourd'hui je n'ai rien fait.
Mais beaucoup de choses se sont faites en moi.

Roberto Juarroz, *Treizième poésie verticale.*

Ce matin, nous sommes septembre et j'ai fermé ma chambre. Il est 8h45, l'heure où la France qui écoute la radio est pliée en quatre (c'est le quart d'heure le plus attendu, celui des imitateurs facétieux et des chroniqueurs impertinents). Cette année, ce sera sans moi. J'ai abandonné mon métier d'auteur comique.

Un café à la main, sans journaux, sans radio, sans télé, je regarde le temps passer en essayant de graver dans ma mémoire et dans celle de mon ordinateur ce moment délicieux. Quel soulagement de pouvoir écrire tout ce qui me passe par la tête, en peignoir, rêvassant, libéré des contraintes sclérosantes de la chute obligatoire en fin de paragraphe (et des gags entre parenthèses[1]).

1. Ou même en notes de bas de page.

Désormais, je peux même utiliser des phrases à l'imparfait du subjonctif si je veux. Quand j'ai ouvert les volets, il n'était pas jusqu'aux dernières roses qui n'eussent un frémissement joyeux, ni jusqu'aux pensées réconfortantes, comme l'idée de faire la sieste au lieu d'écrire des sketches pour l'émission de demain, qui ne semblassent receler la perspective de radieux jours à venir.

Quel bon café. Quelle belle journée.

Quel bonheur de ne devoir faire rire personne.

*

Longtemps, si longtemps, trop longtemps, j'ai essayé d'être drôle. Dès l'enfance, je n'ai jamais nourri de plus haute ambition que celle de faire s'esclaffer, à tout prix, mes contemporains. A tant le vouloir, je me suis fait, peu à peu, avec mes pastiches littéraires, mes parodies, mes sketches, mes chroniques, une petite place dans le grand barnum des amuseurs professionnels. Ces dernières années, j'avais même atteint une sorte de plénitude de mon artisanat en travaillant comme auteur, sur la première radio de France, pour l'imitateur préféré des Français. Pourtant, à la fin de la saison dernière, mon métier m'était devenu de plus en plus pénible. Chaque vendredi, les cinq jours de rigolade écrits, je me sentais, littéralement, épuisé. Et aussitôt la question revenait, lancinante : de quoi allait-on rire la semaine suivante?

Un jour, j'ai reçu une lettre de mon ami Louis, depuis longtemps perdu de vue. Il m'écrivait : «*J'ai rencontré notre amie commune : Hélène. Elle m'a donné ton adresse et m'a appris que tu écris pour Laurent Gerra. C'est incroyable parce que je ne rate jamais sa chronique. Tous les matins, à neuf heures moins le quart, je suis coincé dans les embouteillages et je vois les automobilistes, autour de moi, secoués de rire à leur volant. Heureusement que vous êtes là, vous les comiques, vous nous aidez à tenir...* »

J'ai lu et relu plusieurs fois cette lettre, et l'image des gens enfermés dans leurs voitures, prisonniers des embouteillages rigolant en même temps, tous les matins, à la même heure, s'est mise à me hanter. S'ils n'avaient pas été pliés de rire dans le trafic, nos auditeurs n'auraient-ils pas changé le monde, leur vie ou, au moins, de trajet ? Moi qui avais toujours pensé que l'humour était un moyen de rendre la vie tolérable, j'ai commencé à me demander s'il n'était pas plutôt un artifice pour s'empêcher de la vivre.

Ainsi, peu à peu, j'ai compris que j'avais assez ri et assez fait rire, et j'ai décidé d'arrêter. Y arriverai-je ? Je dois être patient. On ne passe pas de la rigolade superficielle à la profondeur de l'être en claquant des doigts. Depuis que j'ai commencé mon sevrage, je subis encore, de temps en temps, quelques petites « attaques ». A l'apéritif, à la fin d'un bon repas, ou lors d'une soirée un peu trop arrosée, l'envie de raconter une blague ou de dire une connerie pour faire s'esclaffer la galerie me revient. Dans ces cas-là, je respire profondément, je fais quelques étirements ou je pense à Christine Boutin, et la pulsion délétère finit par s'estomper.

A l'heure où j'écris ces lignes, je ne sais pas encore très bien ce que je vais faire de tout ce temps que sera ma vie sans humour. Mettre à jour mon blog ? Repeindre les fenêtres ? M'inscrire à une croisière Laurent Joffrin ? Aller dans le Vercors, sauter à l'élastique ?

Je crois que, plus que tout, je voudrais profiter de cette saison sans rire pour regarder enfin le monde, les gens, la vie, au fond des yeux. Essayer d'écrire à quoi ressemble la Vérité quand on lui enlève sa perruque qui tourne et son gros nez rouge.

Ecrire, disent-ils

Ecrire, c'est faire taire le silence.

Marguerite Duras, *Ecrire.*

Quand j'ai annoncé que je quittais mon métier d'humoriste et que je me retirais à la campagne, outre ceux qui ont pensé que j'avais une maladie rare ou qui en ont déduit que j'allais me faire secrètement implanter des cheveux en Hongrie, certains de mes amis m'ont dit que je devrais profiter de ma liberté pour publier enfin « un vrai livre » car, d'après eux, « quand on est capable de pasticher, on est capable d'écrire ».

Et si c'était vrai ?

Puisque j'ai tout mon temps, pourquoi ne pas essayer de trouver ma forme, ma voix, mon style ?

Mais que se passera-t-il si j'arrête de me cacher derrière le masque du pasticheur et du parodiste ? Si je cesse de contrefaire, de feindre, de caricaturer pour faire enfin du vrai et du neuf ? Après tout, Proust lui-même me montre le chemin, tout bourdonnant de l'odeur des aubépines. Il affirme qu'il faut commencer par s'adonner au pastiche volontaire pour pouvoir, après cela, devenir soi-même et ne pas écrire toute sa vie du pastiche involontaire. Tout comme il a tué le Flaubert qui était en lui, ne devrais-je pas tuer le Musso qui est en moi? Ecrire enfin du Fioretto, quoi qu'il m'en coûte en termes d'à-valoir?

Je pense à ces critiques littéraires qui m'ont reproché de vouloir «*absolument faire rire*» alors qu'ils n'étaient pas payés pour ça. J'avoue que je leur en ai voulu car, à l'époque, j'aurais tout donné pour les dérider. Je pense aussi à cette journaliste qui regrettait que mes recueils de pastiches ne soient «*pas assez écrits avec les dents*». Je crois, aujourd'hui, qu'ils avaient raison : si je veux me mettre à la littérature, je dois écrire un livre qui ne fait absolument pas rire, avec les dents.

*

Le plus simple serait sans doute d'écrire un roman policier à atmosphère. En Scandinavie, par exemple, car là-haut, les atmosphères ont de vraies gueules d'atmosphère, surtout pendant la saison des meurtres en série (octobre à mars). Les nuits y sont plus longues et plus épaisses que chez nous et le pâle soleil de midi, ça dépayserait le lecteur qui en a marre des romans noirs dans la banlieue de Vénissieux (avec du sociétal dedans). Il faudrait camper une ambiance méphitique et oppressante (éviter les ambiances saines et aérées) propice à la consommation d'aquavit. Imaginer une série de meurtres atroces et inexplicables (proscrire les meurtres sympas et évidents). Des crimes salissants avec un rituel compliqué et des indices cryptés bourrés de symbologie obscure, de codes abstrus et d'énigmes absconnes. Décrire en détail (4 à 5 pages) le désordre dédaléen qui règne dans le bureau et dans la tête du flic (toujours impeccablement mal rangés). Tirer le portrait en noir et blanc d'un flic solitaire, dépressif et déglingué par l'aquavit et le tabac (éviter le policier sportif content dont la femme n'est pas partie et dont la fille ne se drogue pas). Pourquoi pas un commissaire rom ou une juge transgenre pour jouer la différence et élargir la cible ?

Comme assassin, faire le coup de la secte satanique (ou bouddhiste, ou néolibérale ?). Sinon, plus classique mais toujours efficace, trouver un psychopathe récidiviste (un insaisissable tueur en série permettrait de programmer plusieurs tomes d'un coup). Utiliser beaucoup de dialogues (pour l'adaptation télé) et un langage cru (car le polar est un putain de miroir déglingué où se reflète la sale face de maquerelle de notre société de merde). Ne pas oublier d'aborder les grands sujets de société : les milieux salafistes (des jeunes à barbe, des femmes à voile et des banlieues à problèmes), la délinquance financière (avec des traders sous cocaïne et des ouvriers à catogan qui chantent *Bella Ciao* devant un feu de palettes), l'euthanasie (un chirurgien marseillais nécrophile achève des cagoles à bourrelets pour les violer ?). Ou bien alors, encore plus fédérateur, s'inspirer des couvertures des magazines pour ratisser vraiment large : un inspecteur franc-maçon passionné par les prix de l'immobilier et qui a mal au dos fait du

Hollande *bashing* tout en enquêtant sur le classement des meilleurs hôpitaux ?

*

Mais suis-je seulement capable de raconter une histoire ? J'ai appris à déconstruire, jamais à bâtir. Ou peut-être ai-je perdu mon âme d'enfant en même temps que mes cheveux ? Je crois que je ne serai jamais un bon *storyteller. Exit* le polar à suspense. Je devrais peut-être chercher du côté des romans écrits par les trentenaires. Quand je dis « trentenaires », je ne parle pas de ces beaux gosses de l'édition qui changent leur photo toutes les semaines sur Facebook et qui n'ont que des lectrices. Ni de ces filles qui font tous les salons du livre, toutes les résidences d'auteurs, tous les cocktails, et qui se détestent entre elles. Je pense plutôt à ces écrivains, encore jeunes mais déjà burinés par l'époque, qui vendent peu de livres et qui s'habillent aux puces de la porte de Vanves. J'en connais plein. Des muscadins décatis, des libertaires gouapeurs, des cosaques, des marxistes désespérés, des normaliens profs en banlieue, des fauteurs de troubles qui *likent* Léon Bloy, et même un néo-néo-hussard avec un foulard dans le col de sa chemise. Parfois, ils me tapent sur les nerfs, d'autres fois ils me tapent sur l'épaule en me félicitant pour mes pastiches ou pour mon pamphlet *Rivegauchez-vous !*[1], dans lequel je

1. *Rivegauchez-vous !*, Natacha Braque, Editions de l'Opportun, 2012.

faisais s'étouffer de colère une écrivaine pasionaria de la littérature parisienne. Ils me disent : « Qu'est-ce que vous leur avez mis ! » parce qu'ils me croient transgressif et droitier (alors que je suis gentillet et gauchouillard).

Je pourrais essayer d'écrire, comme eux, un roman « fin de début de siècle ». Une bande de copains et de copines qui squatteraient un entrepôt de banlieue ou un vieux fort militaire oublié des Cévennes pour y expérimenter une utopie forcément malheureuse et y pratiquer librement le délit d'opinion. Ils n'auraient ni Dieu, ni Maître, à part Lucky Strike. Ils boiraient du vin naturel non filtré produit par des vignerons maudits, fumeraient des pétards et organiseraient de gigantesques orgies dionysiaques (pas question de sombrer dans la vulgaire partouze pour classe moyenne). A l'occasion, ils iraient à Paris jeter des Vélib' dans la Seine, escalader Notre-Dame, repeindre les catacombes en vert fluo ou saboter la *gay pride*, la *love parade* et la rando des *rollers* (car ils seraient post-Muray). Ils se croiseraient dans des arrière-bistrots un peu secrets où l'on peut fumer en cachette malgré la loi Evin (qui serait pour eux, comme les rues piétonnes, un symptôme du déclin de l'Occident). Je les ferais se rencontrer, se rentrer dedans, se bastonner, et je n'aurais même pas besoin de me fatiguer à construire une intrigue puisqu'on serait dans l'après-roman bourgeois.

Le violon magique

Si tu ne sais pas où aller,
prends le plus court chemin.

Anonyme québécois du XXIe siècle.

Les jours s'écoulent, légers, vides, inconsistants comme une chanson de Bénabar. Tout à l'heure, j'ai découvert que l'automne a déjà fait ses premiers pas dans le jardin, bousculant le vieil été languissant. Comme chaque année, les feuilles vont se mettre à tourbillonner dans la lumière flavescente, les journées vont raccourcir et la chaudière va tomber en panne. Je réalise, tous les jours davantage, que, sitôt qu'on arrête de rire, on recommence à voir les choses, à écouter les êtres, à trouver le temps long. Comme si quelque chose se préparait à arriver mais était perpétuellement en retard.

Je n'ai toujours pas commencé à écrire car je sens que j'ai la tête encore trop pleine de brouhaha et d'éclats de rire. Ces dernières années, j'ai entendu tant de bruit, regardé tant d'images, lu tant de

« papiers »... Mais je sais que tout cela va se décanter. Et qu'alors, je pourrai me recentrer, penser sereinement, sérieusement, profondément. En attendant d'être prêt, je m'entraîne à méditer avec les diaporamas en couleurs que m'envoie régulièrement ma mère. Comme tous les seniors opérés de la cataracte, elle a su garder de grands yeux d'enfant et la capacité de s'extasier devant les images de coucher de soleil, surtout quand elles sont accompagnées d'une musique d'André Rieu et son violon magique. Je crois qu'elle s'inquiète secrètement de mon lâcher prise et que c'est pour cela qu'elle me transfère les meilleurs fichiers à méditer qu'elle reçoit, assortis d'un commentaire laconique : « *C'est tellement vrai... N'oublie pas de mettre le son.* »

En général, les titres sont une invitation à remettre en cause nos certitudes et nos valeurs : « *Tous les trésors du monde sont inutiles si tu ne sais pas où les ranger* », « *Entre la naissance et la mort, il y a la vie* »... Avant, je les effaçais sans les ouvrir car je n'avais absolument pas le temps de chercher où ranger mes trésors. Mais ce matin, j'ai cliqué. Je me suis dit que ce serait trop bête de passer à côté de la Vérité en couleurs sur un air entraînant de Rondò Veneziano. En plus, j'adore les gondoles, surtout à Venise, le printemps, surtout sur la Tamise, les orchidées, surtout sous la neige, et les phares, surtout dans la tempête. Je n'ai pas appris grand-chose de nouveau au cours de cette petite balade méditative, à part une observation de bon sens : « *Si tu restes à la porte de ton cœur, tu ne pourras jamais descendre à l'intérieur* » et un impératif catégorique néo-kantien : «*N'ouvre la bouche que si le silence te le demande.* » Mais ce qui m'a édifié, moi qui voudrais désormais m'exprimer avec sagesse, sérieux et autorité, c'est la liberté de parole de ces philosophes de la Toile qui, un beau soir, réalisent qu'ils ont compris quelque chose de très important et qui décident de le partager avec le monde entier. Tout simplement, sans finasser, sans ricaner. Sur un air de trompette de Jean-Claude Borelly. Je pense qu'il doit s'agir le plus souvent de sages Québécois car les hivers sont longs, là-bas, et il y avait beaucoup d'élans, d'oursons et de sous-bois enneigés dans les images à méditer. Aussi, même si je n'ai pas tout compris du premier coup, comme m'y exhortait le diaporama, j'ai «*accepté de laisser les mots s'expliquer eux-mêmes*».

Nous dormirons ensemble

O que nous mêlions, âmes sœurs que nous sommes,
A nos vœux confus la douceur puérile
De cheminer loin des femmes et des hommes,
Dans le frais oubli de ce qui nous exile !

Paul Verlaine, « Il faut, voyez-vous,
nous pardonner les choses ».

J'ai l'impression que, à la faveur du désœuvrement intellectuel et de l'abstinence humoristique, je retombe amoureux. Mes années de rigolade intensive étaient sans doute moins propices aux épanchements sentimentaux. Désormais, telle une héroïne de Marc Levy qui aurait quitté sa villa de Pacific Heights à San Francisco pour s'installer en Seine-et-Marne, dès que le soleil fait mine d'aller se coucher derrière l'église, je ressens soudain l'indicible solitude de l'homme au foyer, éloigné de celui qu'il aime. Je suis alors saisi par l'impérieuse envie de me lover sur le canapé en désordre, devant un feu de bois qui crépite dans le silence vespéral, en regardant distraitement « C dans l'air », enveloppé dans le pull, trop grand pour moi, de mon amour qui travaille pour gagner notre vie.

Toutefois, à la différence des héroïnes de Marc Levy, je n'ai pas de mari architecte-explorateur, physicien quantique ou cardiologue pour enfants. Mon compagnon est historien des jardins, une catégorie socioprofessionnelle nettement plus connotée Pascal Quignard. Et justement, je me demande si je ne devrais pas essayer d'écrire un livre à base de sexe et d'effroi.

*

Le plus simple serait de m'inspirer de mon histoire d'amour avec M. Décrire le fabuleux trésor que constitue l'union de nos deux âmes (celle de M., mélancolique, et la mienne, rieuse) qui ont fusionné à jamais pour n'en former plus qu'une (cyclothymique). Dire, quand on me presse d'expliquer pourquoi je l'aime, que je ne peux que répondre : parce que c'était lui, parce que c'était lui. Mais ce serait peut-être un peu excluant pour le lecteur hétéro bourru et, surtout, pour la lectrice. Il vaudrait sans doute mieux que j'écrive une histoire d'amour normale. Après tout, je peux tout à fait m'imaginer amoureux d'une fille. J'ai déjà envisagé la chose, à plusieurs reprises, dans ma jeunesse, avec Sylvie Vartan, Dalida, Nana Mouskouri, Michèle Torr...

*

Et voilà que je me surprends à rêvasser à ce que serait mon autobiographie amoureuse, si j'avais une femme toujours à mes côtés... Je l'imagine, belle, avec des formes ergonomiques, très design, surtout au début. Elle aurait deux seins et deux fesses, comme tout le monde, mais presque sans aucun poil dessus. Elle serait toujours levée avant moi pour exfolier sa crème de nuit et bien faire pénétrer sa crème de jour. Elle ferait pipi assise, sans en mettre partout. Le soir, devant la télé, elle voudrait m'extraire les points noirs avec ses ongles immenses pendant que je regarderais le foot (dans ma vie rêvée, je serais *supporter* du PSG). Elle voudrait aussi m'épiler le nez et les oreilles, mais ça, plutôt crever. Elle et moi, on s'appellerait « bébé ». Bébé, c'est toi qui as mis des miettes sur le canapé ? Oui, bébé, pourquoi, ça te dérange ? Je t'ai déjà dit de prendre un plateau quand tu manges des chips devant la télé, bébé. Je prendrai un plateau quand tu arrêteras de mettre des cheveux dans le lavabo, bébé. Je vois pas le rapport, bébé. Le rapport, c'est que c'est moi qui débouche le siphon, bébé. Je travaille, bébé, tu voudrais pas, en plus, que je débouche le lavabo ? Assistante commerciale, tu appelles ça « travailler », bébé ? Putain, t'es vraiment trop con, bébé...

Elle me choisirait mes chaussettes et mes caleçons fantaisie chez Monop'. Pour mon anniversaire, elle m'achèterait des pantoufles LOL avec une tête de lapin au bout. Elle me mettrait au régime Dukan sans que je m'en aperçoive. Avant que je parte au boulot, d'un geste expert, elle rajusterait mon col, me rabattrait la mèche, me moucherait le nez, me glisserait une barre de céréales bio dans mon attaché-case et m'embrasserait le front tout en m'envoyant un SMS pour que je n'oublie pas le pain en rentrant ce soir. Le week-end, elle porterait une chemise camionneur à carreaux et des chaussettes de danse en laine. Pendant que je réparerais son four à pain en écoutant «Votre Auto» sur RMC, elle mettrait des photos de son chat sur Facebook. Et puis, nous ferions l'amour par terre, fougueusement, sauvagement, surtout au début. Comme je serais abonné à *FHM*, je saurais qu'il ne faut pas négliger les préliminaires avec les filles : mâchouillage du lobe auriculaire, titillage du creux du genou, grattouillage du nombril, farfouillage de sa caverne d'Ali Baba... Ensuite, une fois l'acte de chair consommé, je la laisserais finir tranquillement son orgasme de dix minutes, couchée sur le tapis Skulgörgh de chez Ikea, tandis que je fumerais une clope en cachette sous la douche. Comme elle aurait lu *Cinquante Nuances de Grey*, elle voudrait pimenter nos ébats en me saucissonnant avec mes cravates de boulot, et je serais tellement excité que j'en oublierais que ce sont des Armand Thierry caca d'oie (je serais agent Century 21 dans ma vie rêvée). Elle serait d'une douceur infinie. Sauf le premier jour des soldes où elle pourrait tuer pour un paréo à –40%. Elle s'achèterait des tas de trucs minuscules en tissu noir qui coûteraient très cher et qui deviendraient très grands quand elle les enfilerait. Elle me trouverait très beau, surtout au début. Après, elle me dirait que la calvitie me va bien et que je suis très drôle mais moins que Nagui. Nous aurions deux enfants. Une fille qui ferait du poney au bois de Vincennes et un garçon qui ferait des conneries au collège Edmond-Rostand. Ma femme serait très intelligente. Elle saurait décrypter les relevés de droits de la SACEM et les articles de Bayon dans *Libé*. Elle testerait sur moi les recettes de son blog culinaire. Elle ne lirait pas de livres, elle les dévorerait sur sa liseuse rose à paillettes. A chaque rentrée littéraire, elle s'achèterait le dernier Amélie Nothomb (dans ma vie rêvée, Amélie Nothomb écrirait aussi). De temps en temps, on partirait en Twingo Espace à crédit passer un week-end en famille à Center Parcs où je m'occuperais du barbecue en pantacourt. Quand nos enfants seraient élevés, elle prendrait peut-être un amant, et moi aussi, on ne se refait pas. Je choisirais un jeune anar chevelu de la communauté de Tarnac. J'en connais des mignons, ils sont taiseux mais super économes, et ils ont un sens inné du bricolage. Elle cougar, moi gaypar, nous serions complices comme au premier jour...

Quoique.

En y réfléchissant mieux (avec le recul nécessaire que m'autorise mon retrait du monde et ma presbytie), finalement, ma femme idéale ressemblerait plutôt à Raphaël Enthoven.

Voire, encore mieux, à M.

Into the wild

Tous les vortex de lumière des humains sont situés quelque part derrière les omoplates.

Sagesse chamanique.

Tout compte fait, je ne suis pas certain d'être en mesure d'écrire une histoire d'amour avec une femme sans me fâcher avec toutes mes copines. Je laisse donc cela aux blogueuses et aux connaisseurs. C'était une fausse piste. Pas grave. Si je dois absolument écrire, le sujet de mon livre finira par s'imposer de lui-même. Je me suis renseigné : les écrivains expliquent qu'ils écrivent parce qu'ils n'ont pas le choix, parce que c'est là, que *ça* pousse, que *ça* veut sortir. Alors que moi, non seulement j'ai le choix mais, en plus, je ne sens rien qui pousse.

En attendant les contractions, je profite de ma liberté nouvelle pour revoir des amis, notamment des filles, perdues de vue depuis longtemps. Avant-hier, j'ai reçu la visite de Claire. Une jolie trentenaire, fille d'un scénariste célèbre, qui se cherche beaucoup (notamment en Inde, au Pérou et aux Etats-Unis), et qui, dès qu'elle rentre en France, ne manque jamais de m'appeler pour savoir si mon studio parisien est libre. J'ai toujours plaisir à la retrouver même si elle rayonne d'une telle liberté insouciante et d'une telle énergie animale qu'on se sent toujours dans la peau d'un petit-bourgeois *loser* à côté d'elle. Aussi n'étais-je pas peu fier de lui annoncer que j'avais fait le « grand saut » en arrêtant la matinale à RTL, en envoyant balader ma carrière d'humoriste et en me rendant disponible à l'écriture. Elle m'a félicité et m'a dit qu'elle avait toujours senti que j'irais très loin en littérature, si je me l'autorisais. Je lui ai expliqué que, justement, depuis que je me l'étais autorisé, je me trouvais devant tant de routes possibles que je ne savais pas laquelle je devais m'autoriser à prendre. Elle m'a dit que ça tombait bien car en ce moment elle travaillait sur « l'intégration des paradoxes » à l'aide de techniques chamaniques adaptées aux Occidentaux coincés dans mon genre, et elle m'a proposé de « *revenir à la source* » afin de comprendre ce que je voulais vraiment. J'ai dit pourquoi pas. D'autant qu'en échange de mon studio, elle m'a proposé un ressourçage gratuit pour accéder à des « *parties de moi* » avec lesquelles je ne suis pas assez en dialogue (j'ai aussitôt pensé à mes cheveux qui tombent sans m'adresser la parole).

*

La séance a commencé par un *hug*[1] prolongé et vaguement embarrassant qui m'a permis de remarquer qu'elle utilise mon shampoing à la vanille quand elle squatte chez moi. De son côté, elle a senti que j'hébergeais des paradoxes intimes. Je lui ai demandé si elle disait ça parce que je mange bio en buvant du Coca. Elle m'a dit : là, tu vois, c'est typique, tu utilises encore l'humour comme moyen de défense. Pourtant, je sens du fauve en toi. J'ai pensé que mon déodorant m'avait peut-être lâché mais elle a continué à me serrer très fort. Ta culture, ton éducation et la société occidentale t'ont amputé d'une partie de toi qui sait ce dont tu as besoin, a-t-elle tranché. Et elle m'a proposé un voyage vers une nouvelle conscience de moi et du monde.

On a improvisé un espace propice dans mon bureau, à base de coussins et de couvertures, et je me suis allongé en tout abandon. Puis elle m'a administré un «*soutien sonore*» à base de djembés en m'invitant à respirer en rythme et en laissant vibrer mon corps. Hélas, je suis tellement amputé par ma culture, mon éducation et cette salope de société occidentale que j'ai préféré m'abstenir de toute convulsion. J'ai ainsi raté «*la phase de libération des tensions physiques*» et je suis resté immobile, «*perché au niveau cérébral*». On a néanmoins enchaîné avec le «*voyage*» proprement dit. J'avoue que, quoique strictement à jeun, j'ai «vu» beaucoup de choses étranges. Notamment des animaux sauvages qui me ressemblaient vaguement.

1. «Une accolade» chez les gaullistes, «un câlinou» chez Biba.

Mais je ne saurais dire avec certitude si j'étais plutôt le tigre blanc, l'aigle royal, le loup, le renard ou la belette.

A mon retour dans l'ici et maintenant, après que j'eus poliment refusé de «*raconter ou dessiner*» mes impressions de voyage, Claire m'a annoncé solennellement que de grandes choses nouvelles allaient m'arriver dans les jours prochains, et j'ai été autorisé à rallumer mon téléphone.

Revoir Paris

La culture est une résistance à la distraction.

Pier Paolo Pasolini.

Au lieu de remuer mon corps en rythme et de vagues projets de livre, je crois que je ferais mieux de commencer par me refaire une culture contemporaine afin de nourrir mon imaginaire (tous nos grands écrivains contemporains, à part Christian Jacq, ne sont-ils pas imbibés de modernité ?). Car parmi les choses qui m'ont manqué cruellement quand j'étais humoriste débordé, il y a la vie culturelle de la Cité. Je m'en suis souvent moqué mais de façon superficielle, sans vraiment la connaître de l'intérieur, me contentant de la vivre par procuration, dans les journaux et les reportages. Aussi, j'ai décidé de m'offrir de longues escapades parisiennes solitaires. Arpenter les rues de la métropole grouillante. Prendre des notes en respirant à pleins poumons de grands bols d'air du temps.

Comme la capitale du monde civilisé ne se donne pas au premier venu, pour percer la carte postale et découvrir le vrai Paris, j'ai rassemblé tous les suppléments « Paris clandestin », « Paris pas vu », « Paris caché », « Paris de travers »... que je découpe depuis des années. Ils regorgent d'endroits confidentiels que personne ne connaît. J'ai ainsi découvert que mon studio parisien se trouve dans un quartier qui « *a su garder un esprit village avec ses commerçants gouailleurs et ses immigrés bariolés* » et qu'Anne Roumanoff, qui habite dans le coin, fréquente la même fromagerie secrète[1] que moi.

*

Avant-hier, j'ai commencé mes flâneries dans le quartier qui m'a ouvert les bras quand je n'étais encore qu'un provincial pathétique (avec mon accent stéphanois à la Aimé Jacquet) : Montmartre ! Mais pas le Montmartre des touristes, mon Montmartre à moi, celui du guide *Montmartre autrement*. Un Montmartre où les rues sont toujours en pente, comme au temps de Modigliani. Au déjeuner, je me suis encanaillé dans l'une de ces guinguettes *Zagat Rated* d'autrefois où l'osso-buco est décongelé sans façons et la blanquette de veau sous vide réchauffée sans chichis. Serviette à carreaux autour du cou, j'ai commandé un communard en apéritif et je me suis senti libre comme jamais. Le service, à la façon Paname, était râpeux comme le

1. Guide *Le Paris méconnu du fromage des stars*.

vin du pichet. A ma droite, venu réfléchir aux grands problèmes du jour, déjeunait gravement l'un de ces clercs obscurs qui polémiquent à la demande dans les débats télévisés. Au dessert, surgie du fond des âges et de la cuisine, une Piaf intermittente, blouse anthracite, accent rocailleux, est venue nous chanter une romance de jadis ou de naguère (d'où j'étais, je ne voyais pas bien) en roulant les « r ». J'ai pensé à Trenet. Mon Dieu, quel sourire a la vie. Mon Dieu, merci. Mon Dieu, merci d'être ici. A Montmartre, c'est tous les jours la fête de la Musique.

*

Comme un lecteur de *Télérama* dont l'abonnement aurait été suspendu pendant plusieurs mois et qui ne saurait plus quoi penser de son époque, je suis sous l'emprise d'une incoercible boulimie de cultures (j'écris cultures avec un *s* pour ne pas exclure celle de l'autre). Ce matin, en arrivant à la gare de l'Est, j'ai acheté *Pariscope*, *Le Figaroscope* et *L'Officiel des spectacles*. J'ai repéré pas moins de dix-sept expos «*à ne pas rater*» dont deux plus ou moins obligatoires : Braque et Goya. Je me suis donc procuré les hors-séries correspondants car on y voit mieux les œuvres que dans les salles bondées. Chez Goya, il y avait tellement de monde que je suis allé directement à la boutique cadeaux où j'ai craqué pour le vide-poches «Peinture Noire» de chez Colette. Quant à Braque, il y avait foule aussi mais j'ai réussi à m'isoler des affamés de culture comme moi en réglant le volume de mon audio-guide à fond. En sortant, j'ai acheté la série des cartes postales de l'expo car on y voit mieux les œuvres que dans le hors-série. Ce soir, comme mon studio parisien est occupé par ma cousine qui expose au salon Batimat, je suis rentré à la campagne par le dernier train, épuisé mais nourri.

*

Je continue ma cure de remise à niveau culturel. J'ai tellement de retard à rattraper. Et de mauvaise conscience aussi. Au cours de ma carrière d'humoriste, je me suis souvent moqué des discours obscurs sur l'art contemporain sans prendre jamais la peine d'essayer de le découvrir vraiment. C'était tellement facile, tellement confortable (tellement convenu aussi), de ricaner bêtement des empilements de cassolettes de moules et des têtes de mort incrustées de verroterie. En réalité, j'avais perdu les clés de la FIAC et je n'osais me l'avouer. C'est pourquoi j'ai voulu me rendre disponible à la rencontre, à la surprise et à l'émerveillement en commençant par la fameuse « œuvre qui n'existe pas[1] » de l'artiste britannique Tino Sehgal, qui nous a tant fait rigoler bêtement. Hélas, on ne peut plus la voir au Centre Pompidou. Une étudiante qui surveillait la salle m'a expliqué qu'on ne sait pas exactement où elle a été rangée mais qu'on est certain qu'elle n'est plus là. Elle a été remplacée par une *Recherche in situ* sur des pyramides de bûches

1. *The Situation* (2009).

qui existent (mais que j'avais déjà vues ailleurs). Je me suis rabattu sur *Néon néant*, une installation organisée dans d'anciens ateliers transformés en galerie. En lisant le catalogue, je n'ai pu m'empêcher d'imaginer ce qu'en aurait fait Laurent Gerra, avec la voix de Luchini : «*L'éclairage au néon questionne le visiteur sur le rôle équivoque de la lumière dans l'espace muséal vide, bousculant ainsi les préjugés qui veulent qu'une œuvre soit présente quand elle est éclairée. Ainsi, est posée la question cruciale de l'absence de l'art et de l'art de l'absence.*»

Tandis que je déambulais sous les néons, dans une solitude propice, savourant la présence des œuvres absentes, les questions se sont mises à tourner dans mon esprit comme un mobile de Calder dans un réacteur d'Airbus A380. Si personne ne s'y intéresse un minimum, une œuvre d'art contemporain peut-elle espérer intégrer un jour les collections de François Pinault ? Jeff Koons astique-t-il lui-même ses homards géants en inox ? Si tout le monde avait bâillé d'ennui quand Andres Serrano a mis un crucifix dans du pipi, l'artiste se serait-il reconverti dans le jambon ? Est-il vrai que soutenir l'art contemporain, c'est aussi, quelque part, faire reculer le nazisme ? Je n'ai pas encore toutes les réponses mais j'ai fait le vœu de réserver un peu de mon temps libre pour aller les chercher dans les FRAC, les DRAC, les MAMAC et les CRAC.

La gifle

La culture, c'est savoir créer une unité
de matières et d'étoffes dans les accessoires.

Paco Rabanne.

Je continue de profiter de ma nouvelle vie pour remettre mes pendules culturelles à l'heure et sortir le soir. Pour le moment, abstinence de rire oblige, j'évite soigneusement les cafés-théâtres où des comiques, seuls en scène, racontent leur *life*. Quand je pense que j'ai caressé, il y a longtemps, l'idée de m'acheter une chemise noire, un micro-cravate et des auréoles sous les bras... J'aurais peut-être pu essayer de me faire engager comme «*humoriste citoyen*» au Théâtre du Rond-Point. Ou comme «*histrion survolté*» au Point Virgule. Ou comme «*rebeu déjanté*» au Comedy Club. J'aurais raconté, «*sans tabou*», «*au vitriol*», mes petits problèmes de Smartphone et les grosses galères de ma vie de couple. Je me demande d'ailleurs si ce n'est pas ce que je suis en train de faire en ce moment, assis à ma table, mais sans postillonner.

Hier, M. et moi nous sommes allés au théâtre « recevoir une gifle », comme nous en avaient pourtant avertis *Les Inrocks*. Je crois néanmoins qu'en dépit des sièges en ciment et des deux entractes, j'ai aimé ce spectacle vivant, sauvage et nu, terriblement exigeant, non seulement au niveau des fessiers mais aussi parce que, selon le metteur en espace, « *quand la lumière s'éteint, nos arcs de triomphe deviennent des défaites dans les yeux des sans-combats* ». Difficile de lui donner tort. Si je deviens écrivain un jour, j'aimerais avoir moi aussi le courage d'exiger de mes lecteurs autant que ces gens de théâtre radicaux demandent à leurs spectateurs. Moi qui suis toujours allé au plus facile, au plus gros, au plus rigolo, pour me faire aimer à tout prix, je mesure le chemin qu'il me faudra parcourir si je veux désapprendre à plaire et apprendre à donner des baffes.

*

Mes virées parisiennes m'ont mis face à tant d'originalité, de nouveauté, d'audace, que j'espère me souvenir de ces leçons de liberté quand je me mettrai sérieusement à écrire. Ce moment finira-t-il par arriver ? Je crois que je commence à l'attendre. Car, à défaut de rire, il va bien falloir que je fasse quelque chose de cet automne qui me semble plus vide de jour en jour.

Les tentations de reprendre mon métier d'humoriste ne manquent pas. Jusqu'à présent, j'ai toujours refusé d'y céder. Pour m'aider à tenir bon, je pense à ma lassitude à la fin de la saison dernière et à la lettre de mon ami Louis avec les automobilistes coincés dans les embouteillages et qui rigolent en masse... alors, je résiste. Il y a une semaine, j'ai refusé d'écrire les lancements d'un animateur pour un «*talk-show loufoque et impertinent*» diffusé sur la TNT. Hier, un éditeur m'a proposé de rédiger un recueil de fausses lettres anonymes humoristiques adressées à des hommes politiques. Et ce matin, ma copine A., jeune actrice rencontrée sur le tournage d'un téléfilm, m'a téléphoné pour me demander de lui écrire une comédie (mais engagée et qui fasse «bouger les lignes», m'a-t-elle précisé). A. a déjà fait de brèves apparitions dans *S'en fout la mort*, *J'entends plus la guitare* et *Les Amants de la ligne 12*, et elle m'a expliqué qu'elle n'en peut plus des scénarios sinistres que son connard d'agent lui soumet. Le dernier qu'elle a lu s'appelait «Dans Paris» ou «Une femme à Paris» ou «Pourquoi pas Paris?», à moins que ce soit «Allô Paris» ou «Toi et moi et puis Paris»..., un truc dans le genre. Tout ce dont elle se souvient, c'est que ça se passe à Paris et que c'est une sorte de drame, avec des bouts de dialogue chantés, racontant l'histoire d'une caissière qui travaille dans un Carrefour Market de Belleville et qui tombe amoureuse de sa chef de rayon (jouée par Karine Viard, rouquine pour l'occasion). Je lui ai dit que c'était très sympa d'avoir pensé à moi pour l'écriture mais que j'avais arrêté l'humour et que je ne faisais plus rien de rigolo. Pour m'en débarrasser, je lui ai donné les coordonnées d'un copain, auteur pour Canteloup, qui est de sa génération, qui est drôle et qui a déjà fait des films. Elle m'a dit qu'elle allait l'appeler mais que ce n'était pas sûr du tout que ça colle vu que le cinéma, c'est une question de rencontre croisée avec le désir du scénariste qui doit entrer en collision avec l'envie de la comédienne de tout donner à la caméra, car jouer, c'est jouir. Je lui ai demandé dans quel sens. Elle m'a dit dans tous les sens. Que ça peut être vertical, horizontal, en biais, et que parfois même, ça zigzague au niveau du désir et que, dans ce cas, tu laisses des bouts de toi sur le plateau. Je lui ai dit que je ne voyais pas bien l'image. Elle m'a répondu que c'est normal, vu qu'on est en dissonance cognitive, elle et moi. Parce que moi, j'endors les masses avec mon comique fédérateur sur une radio commerciale alors qu'elle, elle est une veilleuse. C'est vrai qu'elle est toujours bien allumée.

Faye ce que vouldras

Un écrivain malheureux,
un écrivain chiant,
c'est un pléonasme.

Jean-Marc Roberts.

Tout à l'heure, pendant que je rangeais la cave (aujourd'hui, je n'ai rien trouvé de mieux pour m'occuper), une question pratique m'a déstabilisé : « Si tu te mets à écrire sérieusement, qui donc va bien vouloir te publier ? » Même si je sais qu'un texte important finit toujours par trouver un éditeur, je crois néanmoins qu'il est plus facile de faire éditer un recueil de blagues sur les fonctionnaires que *Molloy*. J'ai alors pensé à François Taillandier. La dernière fois que je l'ai rencontré, c'était lors d'un dîner organisé par l'Atelier du roman, dans un restaurant de la Rive gauche où il m'avait proposé de passer prendre l'apéritif. Ce soir-là, il m'a présenté Lakis Proguidis et d'autres écrivains. Je n'en menais pas large. A cette occasion, il m'a aussi appris qu'il est conseiller littéraire aux éditions

Plon. Je l'ai donc appelé tout à l'heure. Je lui ai expliqué que j'ai arrêté l'humour et que je suis en train d'écrire un livre tout ce qu'il y a de plus normal. Il m'a dit que ça pourrait peut-être l'intéresser mais qu'il faudrait qu'on se voie pour en parler. Nous avons pris rendez-vous. Paradoxalement, j'ai l'impression qu'avec un contrat autour du cou j'aurais plus de facilités et de libertés dans l'écriture. Pourvu qu'il ne me demande pas de lui envoyer les premières pages, je ne suis pas encore tout à fait prêt.

*

Au lieu de chercher une idée originale de bouquin, je crois que le plus simple serait d'écrire un *best-seller*. Je suis sûr que Taillandier et Plon seraient d'accord. J'ai fait une rapide étude de marché : pour être certain que ça marche, il faut mettre en couverture un animal mignon ou une fille stylisée, et viser la catégorie des femmes qui travaillent (pouvoir d'achat) et qui lisent dans les transports en commun (temps libre). Je pourrais par exemple inventer une histoire qui se passe au bureau avec une héroïne qui ressemblerait à mes lectrices mais en mieux. Une femme dans la tourmente. Il faudrait qu'elle soit drôle mais pas trop (elle aurait des Post-it* roses collés partout, remplis de trucs à faire pour être au top) et attachante (pas trop intello prise de tête) mais quand même un peu coquine (sous-vêtements Aubade*). Un jour, elle en aurait marre de son mari, un macho mal léché (bien fait pour lui) qui l'aurait toujours prise pour une gourde à moitié vide (alors qu'elle serait à moitié pleine). Insensiblement, elle s'éloignerait de lui et elle tomberait amoureuse du chef des ventes de la Direction des marchés pour la région Grand-Ouest, un homme puissant au regard en inox (comme le four encastrable Bosch*), aux mâchoires et aux fesses carrées, qui terroriserait tout le monde au bureau. Mais lui, il ferait semblant de ne pas la voir pendant les réunions de service. Et elle, face à lui, elle perdrait tous ses moyens et trébucherait avec ses escarpins Sarenza* en s'étalant de tout son long en comité stratégique. D'abord, elle se sentirait humiliée et elle mangerait plein de Magnum* à la vanille pour se consoler, mais ensuite, elle aurait une idée : elle s'inscrirait au Gymnase Club* (pour se refaire une silhouette) et sur AdopteUnMec.com* (avec un pseudo). Là, elle séduirait l'homme qu'elle aime mais sans lui dire que c'est elle. Et lorsqu'ils se rencontreraient, elle aurait toujours un masque genre style vénitien et un martinet fluo, et ils s'aimeraient à faire pâlir tous les marquis de Sade, à faire rougir les putains de la rade, à faire rendre grâce à tous les échos et à faire trembler les murs de Jéricho et de l'immeuble. Le lendemain, en réunion de secteur, elle remarquerait qu'il aurait du mal à s'asseoir à cause des coups de fouet de la veille et elle poufferait tout bas en abaissant ses immenses cils Gemey Maybelline* sur ses interminables ongles Lancôme*. Dans le premier tome, elle hésiterait à révéler sa véritable identité à son amant de peur de tout perdre. Dans le tome 2, il découvrirait la vérité et, après une rupture sous la pluie et une cuite au Martini*, il lui avouerait que s'il avait été si dur, c'était parce qu'il se sentait attiré par elle (alors qu'après sa rupture avec la directrice des Ressources humaines, une *manipulative bitch*, il s'était juré de ne plus jamais croire à l'amour, surtout en période de fusion-acquisition). Bien entendu, tous les produits placés* et toutes les marques citées* seraient partenaires du roman, les suppléments littéraires publieraient des critiques saignantes mais on en vendrait quand même cent mille exemplaires avant l'été.

*

Sinon, je pourrais me laisser aller à la poésie... Je ne serais pas le premier écrivain à m'adonner à cette passion. D'autres avant moi ont été dévorés par les vers. Certains de nos grands auteurs contemporains profitent même de leur notoriété pour publier les vénustés qu'ils portent en eux. Peut-être pourrais-je, moi aussi, composer un petit recueil de brefs poèmes ironiques, iconiques et mélancoliques autour de la misère affective et sexuelle du CSP^{+} ?

Au Pathé de Clichy
Où j'ai vu Gravity
J'me suis fait un selfie
But it was only me
What a pity...
Je ne veux pas
Crever seul, de fun
Et de fadaises.

Je veux mater
A l'aise
Le cul des Angolaises
Et conjurer, qui sait ?
L'Extension
De l'impossibilité
De la baise

« Au Pathé de Clichy »,
tiré de *Mémoires d'un gland* (2014).

Mais même sur une musique de Jean-Louis Aubert et mis en pages façon Apollinaire, je crois que mon poème sonnera toujours plus « Yves Simon » que « Yves Bonnefoy ». A la rigueur, je pourrais peut-être le proposer au collectif Fauve ?

*

Ou sinon, je pourrais publier un pamphlet qui ferait beaucoup de bruit pendant quelques semaines et qui déchaînerait les débats. Après tout, comme Dieudonné, Jean-Luc Mélenchon, Nicolas Anelka, Xavier Bertrand, la famille Le Pen, Arnaud Montebourg, Jean-François Kahn, Alain Soral, Laurent Wauquiez, Olivier Besancenot, Bruno Le Maire, Malek Boutih, Florent Pagny, je suis, moi aussi, antisystème. Comme tout le monde, j'ai envie de durcir le consensus mou, de donner un coup de poing dans la mare et de secouer la fourmilière. Je me méfie du prêt-à-penser (même quand je trouve ma taille), de la langue de bois (même vernis), de la pensée unique (même plurielle) et des coups bas (notamment quand ils viennent de haut). Et, surtout, surtout, j'abhorre les complots, les comploteurs, les complotés, les complotistes, les médias, les auditeurs, les téléspectateurs, les YouTubes... Je pourrais peut-être les dénoncer tous ?

*

Ou sinon, je pourrais écrire quelque chose de beau ?

Le trésor de la Gestapo

Tu vois pas qu'on s'aime pas ?

Alain Souchon.

J'ai pris un verre avec François Taillandier au Chai de l'Abbaye. Je lui ai confirmé que je m'étais mis sérieusement à l'écriture, sans lui avouer, bien entendu, que je ne sais pas encore précisément ce que j'entends par là. Il m'a confirmé que ça pourrait peut-être l'intéresser et il m'a promis d'en parler à Muriel Beyer, la directrice générale de Plon. Bien entendu, comme je le craignais, il m'a demandé si j'avais quelques pages à lui montrer. Pour gagner du temps, j'ai dit que j'avais tellement de « matériel » qu'il me fallait faire des choix drastiques avant de lui remettre un extrait représentatif de mon manuscrit. Ça a semblé le convaincre. Combien de temps réussirai-je à faire durer ce subterfuge ?

*

J'ai profité de mon passage à Paris pour m'offrir une petite dérive debordienne, comptant sur le hasard et la Ville lumière pour me procurer une éblouissante idée de livre. Au goûter, j'ai fait la queue dans une pâtisserie décorée comme une bijouterie suisse où le paris-brest venait d'être revisité par un pâtissier-chercheur. A la tombée du soir, je me suis mêlé à la foule des amants à cadenas sur le pont des Arts et j'ai filmé avec mon téléphone la tour Eiffel qui clignotait au loin comme au « 20 Heures ». Puis j'ai pris un verre au Montana, un livre beige sous le bras, assorti à ma veste en tweed. Mais aucune idée d'ouvrage ne s'est imposée et, à part l'air salubre de l'échec, dont Beckett vante les bienfaits, je n'ai respiré à pleins poumons que le brouillard de l'époque et ses particules fines, et cela ne m'a pas du tout débloqué.

Comment Amélie Nothomb fait-elle pour accoucher de plusieurs romans par an, en noyer deux ou trois et ne laisser vivre que son préféré ?

*

Coup de pouce du destin ? Nous recevons, dimanche, la visite de B. Cela ne pouvait pas mieux tomber puisque B. est un copain écrivain, du genre de ceux qui prennent la littérature (qu'il prononce « littératchure ») très au sérieux, et même, si j'en crois une interview récente, carrément « à bras-le-corps ». Je l'ai surnommé « B. le pur » car il est entré en écriture comme on entre en religion et a décidé, une fois pour toutes, qu'il écrirait des livres « utiles au monde ».

Depuis, il produit, abondamment, des romans à thèse qu'il « défend » partout où l'on croise des lecteurs, des écrivains et, si possible, des journalistes. Forcément, B. supporte assez mal tous ses confrères (trop creux, trop couards, trop conformistes), mais il me tolère néanmoins parce qu'il croit que mes pastiches sont des règlements de comptes envers ceux qui vendent plus de livres que lui (B. vend peu, ce qui le confirme dans l'idée que ce qu'il écrit dérange). Je n'ai jamais pris la peine de le détromper car il est difficile de s'expliquer avec B. Dès qu'il est question de littératchure, il s'exprime avec trop de fougue et de conviction pour qu'on ose lui dire qu'il exagère. Car B. vomit les tièdes. Malgré tout, je l'apprécie sincèrement. Moi qui ai tant besoin de plaire, j'admire sa capacité à se faire détester, et notre libre association fonctionne depuis des années : à cause de mes pastiches, il me prête un pouvoir de nuisance que je n'ai pas, et moi, je lui prête mon studio quand il « monte » à Paris pour voir une maîtresse ou assister à un cocktail (B. habite en province mais ne rate quasiment aucun cocktail littéraire, quitte à s'y inviter lui-même).

*

Je suis allé chercher B. à la gare. La journée s'annonçait enrichissante et agréable. Je m'apprêtais à regarder de près, avec des yeux neufs, un écrivain véritable ; je me sentais même disposé à en épouser le point de vue sur le monde et sur l'écriture. Le feu ardait dans sa cheminée, le Domaine de l'Hortus vermillonnait dans sa carafe et les lasagnes caramélisaient dans leur four. Pourtant, malgré l'ambiance « gîte de charme » que nous nous étions employés à créer, B. semblait encore plus énervé que la fois où il avait failli gifler un lecteur qui lui reprochait la fin pessimiste de son roman sur les ravages du capitalisme. Après les politesses d'usage, il nous expliqua les raisons de son dévorant courroux : il rentrait d'une résidence d'auteurs où il s'était engueulé avec les deux autres écrivains qui, comme lui, séjournaient gracieusement dans le Limousin, en quête d'une solitude propice, d'un sujet porteur, d'une problématique fertile et d'une chambre chauffée. L'un des deux résidents était une écrivaine régionaliste « gentille mais vraiment trop niaise » selon B. Il n'avait toutefois rien de grave à lui reprocher si ce n'est « l'absence totale du Réel » dans son « travail » (il nous mima nerveusement les guillemets autour des mots Réel et travail). Les engoulevents dans l'étable, les grillons dans le seigle, les trésors du meunier dans la grange aux loups, ça va bien cinq minutes, nous dit-il, mais pendant ce temps, le lecteur de ces fadaises ne réfléchit pas au monde qui l'entoure. Par devoir de sincérité, il avait donc fini par expliquer à sa consœur qu'elle ne fabriquait ni plus ni moins que des ersatz de livres, voire, encore pire, de la connivence avec les forces démobilisatrices du divertissement. Appelons les choses par leur nom, conclut-il, leur littératchure de fond de terroir, c'est du *storytelling* décérébrant. En plus, ajouta-t-il, on devait se la farcir tous les soirs car les « règles de vie de la résidence » imposent des repas en commun ! Au début, elle a essayé de faire copain-copain en nous confectionnant des quiches aux orties, mais elle a vite compris à qui elle avait affaire et, au bout d'une semaine, elle mangeait sa soupe sans moufter.

Le second colocataire de B. était un auteur parisien, déjà couronné par quelques petits prix, et qui prétendait, tout comme B., « produire de la vérité » mais au moyen de l'autofiction. C'est contre ce dernier que B. était le plus énervé. En effet, durant un dîner, la romancière rurale avait confié qu'elle préparait un « polar régional » (une saga familiale durant l'Occupation racontant l'histoire d'une famille de muletiers partisans qui découvrent le trésor de la Gestapo dans un vieux moulin) et elle se demandait si elle allait l'écrire au « il » ou au « je ».

B. lui répondit qu'il n'y avait aucun inconvénient à privilégier le vécu du « je » sur la fiction du « il » à condition d'être tout à fait conscient de leur diffé*ra*nce (avec un « a » comme chez Derrid*a*).

L'écrivaine du terroir demanda quelle était la différence entre cette nouvelle différence et la différence d'avant.

« La même que celle qui existe entre la subjectivité du sujet transcendantal et la pensée raisonnante du narrateur qui le produit », répliqua sèchement B.

L'écrivain parisien, qui commençait à se sentir visé, affirma que le récit du vécu intime aurait toutefois toujours l'avantage sur la pratique de l'immanence narrative qui est une imposture vu que les mots ne peuvent jamais réaliser pleinement ce qu'ils signifient (à moins d'être définis par d'autres termes desquels ils diffèrent).

La romancière expliqua qu'en patois creusois aussi, il y avait des faux amis, comme « agasser » qui veut dire « traire ». Mais B. lui coupa la parole et affirma que l'autofiction était une escroquerie intellectuelle attendu que « Je », « Moi » ou même « Prostate » sont des signifiants qui ne disent pas la chose mais son absence.

L'auteure régionaliste demanda s'il fallait écrire « abs*a*nce » avec un « a » comme dans s*a*nglier, mais on ne prit pas la peine de lui répondre.

L'écrivain parisien, qui venait de se mettre à nu dans un récit sur l'ablation de sa prostate, prit la chose (et donc son absence) au premier degré et accusa carrément B. de ne pas écrire des livres mais des tracts de propagande ringarde.

Ivre de rage, B. lui rétorqua qu'au lieu de raconter narcissiquement sa conversion au bouddhisme en 400 pages, son honorable confrère aurait mieux fait de sortir de chez lui pour se colleter au Réel ou, encore mieux, d'aller cueillir des champignons.

Pour détendre l'atmosphère, l'écrivaine régionaliste proposa qu'on aille tous chercher des chanterelles dans la chênaie voisine mais l'autofictionneur répliqua que la crudité cathartique de la littérature du vécu était un bras d'honneur brandi à la face des canons surannés de la métalepse romanesque défendue par ces abrutis d'écrivains du Réel.

Sur ce, les deux confrères ennemis, ulcérés par

l'outrage respectif fait à leur création, sommèrent l'auteure rurale de choisir son camp.

« Elle avait les larmes aux yeux ! » s'esclaffa B., soulagé d'avoir enfin vidé son sac et indifférent aux bonnes lasagnes un peu trop cuites de M. « Elle nous a dit qu'elle n'avait pas réalisé à quel point c'était compliqué d'écrire des livres... Les gens croient qu'il suffit de s'acheter un ordinateur et de visser une plaque en bas de chez soi pour devenir écrivain, ajouta-t-il. Avec l'autre abruti qui s'autofictionne, on lui est tombé dessus, à la radoteuse champêtre ! Je crois qu'elle va s'en souvenir longtemps, de sa résidence d'écrivains... »

J'ai pensé, par-devers moi, que le dimanche allait être long.

Nature et découvertes

Ah! Que la vie est quotidienne!

Jules Laforgue.

C'est lundi et M. est au travail dans ses jardins. La journée d'hier a été éprouvante pour moi et m'a complètement découragé d'écrire. Mais qu'est-ce qui m'a pris de vouloir écrire un livre sérieux? Un complexe d'humoriste repenti? Un désir de gloire clinquante dans le petit monde littéraire? Le besoin de me faire un nom en librairie? Emily Dickinson l'a bien dit : «Comme c'est assommant d'être quelqu'un.» Il est déjà si difficile d'être soi-même, surtout quand on n'est personne. Et surtout ce matin où je sens la mélancolie profiter du mauvais temps pour tenter de s'installer en moi. Où est donc passée ma belle et insouciante légèreté de début septembre?

*

Chez nous, l'automne vire au rouge pompéien. Les chemins s'embouent, les vitres s'embuent, les chevreuils s'ébrouent. Autour de moi, les feuilles virevoltent, les brumes s'attardent, les nez coulent. Dans l'herbe humide de notre verger, les marrons roulent, les noix, les glands, les mûres roulent, les noisettes aussi. Tout roule donc, sauf mon projet de vivre sans rigoler et les écureuils morts. Les hirondelles font leurs valises, les bécasses se renseignent sur le jour d'ouverture de la chasse et les ours doivent être en train de préparer leur tanière pour l'hiver car on ne les voit jamais. J'aime cette saison où les sous-bois crissent et où les ombres s'allongent sur le gazon qui, comme moi, se dégarnit. Hélas, je ne suis pas un *nature writer* du Montana, et la contemplation des arbres, ça va bien quelques lignes, mais de là à raser un bout de forêt pour en faire un bouquin... Je songe, pour la première fois, avec un peu de nostalgie, au temps où je me croyais drôle. Pour planter le décor automnal, j'aurais pu imaginer Patrick Sébastien disant qu'en septembre les arbres se foutent à poil pour faire se dresser tout droits les gros champignons des sous-bois.

Aujourd'hui, je me sens plus près de Ponge qui rappelle que tout l'automne, à la fin, n'est qu'une tisane froide...

*

Si je veux, un jour peut-être, rendre mes journées fertiles en écrivant un vrai livre, il me faut sortir de moi-même et accepter de regarder le monde. Nul besoin de monter dans la montgolfière de Yann Arthus-Bertrand pour cela. Il suffit de mettre des bottes. Tous les jours, je fais de longues balades dans les chemins boueux autour de notre petit village briard. Quand j'habitais Paris et ne séjournais ici que les week-ends, je n'avais jamais remarqué que, malgré d'évidentes traces de vie (comme l'entrée et la sortie des poubelles jaunes), les rues sont toujours mystérieusement désertes. Mais quand on sait regarder, de nombreux indices montrent qu'il y a des habitants vivants derrière les façades des maisons. On devine même qu'ils se préparent à la traditionnelle fête d'Halloween, moribonde dans nos grandes villes mais encore bien vivace par ici. D'immenses toiles d'araignées synthétiques enveloppent les portillons des pavillons, des citrouilles en polypropylène clignotent sur les perrons à la tombée de la nuit et des panonceaux collés sur les fenêtres accueillent les visiteurs avec les ancestrales mises en garde : «*Trick or treat!*», «*Ghosts welcome*» ou «Je monte la garde». Dans quelques jours, les enfants des environs défileront dans les rues du village aux cris de «Nous voulons des bonbons!», accompagnés par des parents volontaires et un tracteur à gyrophare. S'ils viennent frapper chez nous, je leur refilerai les berlingots fourrés au miel que ma mère s'obstine à nous offrir alors que nous les détestons.

Ensuite, vers la mi-novembre, dès que Leclerc déclarera officiellement ouvertes les fêtes de fin d'année, on pendra les Père Noël et les bonshommes de neige aux cheminées. Un an sera encore passé depuis la dernière «grande foire à la Noël». Un cycle se refermera.

*

Cela fait maintenant plusieurs semaines que je vis à temps complet dans la Brie, ce «*désert de céréales*», comme l'appelait Balzac, et il me semble que je commence à trouver ma place dans les grands cycles naturels. Je respire au rythme des saisons et des pulvérisations phytosanitaires. Petit bobo habitué à trouver toujours du pain propre à l'épeautre chez Naturalia, je m'habitue, vaille que vaille, à manger de la baguette de rurbain décongelée au monostéarate de glycérol (et je ne m'en porte pas plus mal). Je commence aussi à boire l'eau du robinet, même si on m'a averti qu'elle est saturée de nitrates et de pesticides. Doucement, j'évolue. Je me défais de mes certitudes et de mes préjugés. Et sous l'effet de la solitude, je recommence à goûter les agréments des contacts humains. A mille lieues des échanges professionnels superficiels, des cocktails branchés, des réseaux sociaux, des bouffes au restau en notes de frais..., je noue des dialogues nés de l'appartenance à une même communauté, concrète et incarnée : notre village. Pour produire du «vivre ensemble» autour de moi, je n'ai qu'à traverser la rue et me voici en pleine France d'en face.

Je prends désormais le temps de râler avec les voisins contre le mauvais temps, le conseil municipal et le camion des poubelles qui a encore oublié de vider celle de madame Boutrand (qui vient d'ailleurs d'être réopérée de la hanche). Si la conversation devient politique et vire au Bleu Marine, au lieu de m'étouffer d'indignation et d'alerter le réseau Voltaire, je m'efforce de chérir leur personne tout en haïssant leur erreur. Ainsi, je fais un pas dans leur direction et, le soir, comme Annie Ernaux, je consigne dans mes notes le précieux matériau, encore tout bruissant d'exclamations gutturales, né de ces échanges vrais.

*

Hier, j'ai accepté de prendre l'apéritif chez un voisin agriculteur. Pas un de ces petits paysans sinistres avec des dettes et des idées de suicide. Un exploitant agricole du troisième millénaire qui tapote sur sa tablette pour suivre le prix du quintal de blé à la Bourse de Chicago en espérant qu'une bonne grêle, dans l'hémisphère Sud, va doper les cours chez nous. C'est du moins comme ça que je l'aurais caricaturé du temps où j'étais humoriste. Et je serais passé à côté d'une belle rencontre car, en réalité, le type est charmant. Il possède quelques centaines de milliers d'hectares dans les environs, et, comme il est en campagne électorale pour les municipales, il convie ses voisins, à tour de rôle, à des « apéritifs d'information ». Quand son premier adjoint lui a appris que j'ai écrit pour Laurent Gerra, il m'a dit qu'il voyait qui c'était mais que lui, il écoutait BFM Business à bord de son pulvérisateur-ensileur guidé par satellite. Je l'ai interrogé sur son métier et j'ai découvert que, en plus de ses champs, il a des bêtes. Des poulets qu'il adore et à qui il coupe le bec pour éviter qu'ils ne se blessent en chahutant. De temps en temps, il les asperge d'antibiotiques pour les protéger de la grippe, et le dimanche, il leur donne de la farine de porc et de poisson au dessert, et puis il les tue. La « soupe briarde[1] » aidant, on s'est détendus tous les deux, et il m'a confié qu'il se sentait mal aimé des habitants du village. Il m'a expliqué que c'était injuste car, sans lui, la campagne qui nous entoure se couvrirait d'herbes, de vers de terre visqueux et d'abeilles qui piquent. Les rendements à l'hectare seraient minables, les subventions européennes au plus bas et les vaches maigres. Je l'ai remercié d'être le gardien de notre paysage et, en signe d'empathie, j'ai mangé deux tomates cerises de son jardin, élevées au Round Up, sans les éplucher, comme un vrai campagnard. Et je n'ai même pas été malade.

*

J'ai aussi pris le thé chez le couple de Parisiens qui tient le gîte rural du village. Jean-Bernard est un grand gaillard taciturne qui a longtemps travaillé aux

1. Cocktail briard à base de mousseux, curaçao Marque Repère, sucre en poudre Daddy, Pulco citron et petit parasol Intermarché.

champs[1]. Sa femme, Anne-Laure, était naturopathe énergéticienne et décoratrice feng shui en libéral. Autour d'un cake aux agrumes et de trois albums de photos, ils m'ont raconté comment ils avaient longtemps cherché à fuir Paris pour reconstruire leur vie sur des bases plus simples et plus vraies avant d'avoir le coup de foudre pour une ferme du village qui venait d'être entièrement refaite à neuf façon Valérie Damidot sur M6. Ils ont immédiatement compris le potentiel que cachait la belle fardée. Les travaux ont duré deux ans car il a fallu effacer les décorations au pochoir, déplastifier les sols, casser les cheminées Leroy Merlin, décoller les fausses poutres, arracher les convecteurs design et les palmiers et tout refaire en matériaux bruts d'origine : chanvre pour l'isolation, peaux de chevreuil pour les descentes de lit, châtaigner de Fontainebleau dans les saunas privatifs... Aucun détail n'a été négligé pour offrir aux visiteurs un confort «*rustique et essentiel*», comme le promet la plaquette du gîte. Côté cuisine, pas question de tricher avec la tradition, quitte à l'inventer. Anne-Laure propose des «*repas-soupes*» aux légumes oubliés, servis sur des tables en chêne sans nappe, et le matin, un petit déjeuner «*briard*» est proposé dans de vieux bols, chinés dans les vide-greniers des environs[2]. Sobre, frugale, essentielle, la vie coule, tranquillement, pour 130 euros par nuit. Et cette pauvreté retrouvée, ce feu

1. Elysées.

2. Où, pour ma part, je n'ai jamais trouvé que des cassettes VHS de *Rambo* et des bouquins sur Céline Dion.

qui crépite dans chaque suite, ce côté «*comme chez soi*» suffisent au bonheur d'une clientèle qui, «*à une heure de Paris*», peut «*respirer tout simplement, comme au temps jadis*». J'ai promis à Jean-Bernard et Anne-Laure d'essayer de leur avoir un article dans *Côté Est*, dont je connais le secrétaire de rédaction.

*

Solidarité. Proximité. Entraide. Ma nouvelle vie. Je sens que, peu à peu, je commence à trouver ma place dans le tissu social qui m'entoure. J'ai vécu si longtemps «hors sol», prisonnier de la bulle magique des médias de masse, enfermé dans les coulisses de la Société du Spectacle, que j'avais perdu pied. Désormais, je m'enracine car je veux enfin découvrir à quoi ressemble cette fameuse «crise» économique et sociale dont tout le monde nous rebat les oreilles. D'ailleurs, depuis que j'ai renoncé à mes tenues de Parisien créatif pour enfiler des joggings en acrylique (infiniment plus confortables) et des pulls à col roulé, les habitués du bar-tabac où j'achète mes cigarettes se sont mis à me tutoyer fraternellement. Avant-hier, l'un d'entre eux m'a même proposé de faire un Tac O Tac à deux. Nous n'avons rien gagné, au sens matérialiste du terme, mais nous avons brodé un peu de lien social, balbutiant et anisé. L'aurais-je tissé si j'avais été habillé en The Kooples?

En tout cas, cette irruption brutale de la vraie vie dans la mienne m'a convaincu que, si je me mets à écrire un jour, ce sera les deux mains dans la terre, au service d'une littérature aux ongles noirs.

Plus riche, la vie

Je vais apprendre demain
A me tenir sur les mains
J'irai pas très vite bien sûr
Mais je n'userai plus de chaussures.

Jean Boyer, « Pour me rendre à mon bureau ».

Je dois commencer à m'habituer à ma nouvelle vie car l'inactivité humoristique me pèse de moins en moins. Ces derniers temps, je me balade souvent avec Saturnin, un ami du coin, qui est prof alternatif pour enfants en difficulté dans une école d'obédience Dolto. J'aime confronter ainsi mon vécu de parasite culturel désœuvré avec son expérience de type socialement utile. Saturnin m'a confié qu'il aimerait présenter aux municipales une liste « Verts de toutes les couleurs », mais il est tellement catalogué *hippie feignant* dans le village qu'il pense n'avoir aucune chance. Il faut dire qu'il est abonné à *La Décroissance*, le journal des objecteurs de croissance, et qu'en plus, il met ses lectures en pratique. Sa femme et lui ont trois enfants, un tandem et cinq germoirs à graines, mais ni voiture, ni mousse à raser, ni Netflix ! Il m'a dit qu'il était ravi d'apprendre que j'avais renoncé à un travail bien payé pour m'occuper de l'essentiel : mon intérieur (il ne parlait pas de la déco de notre maison mais de mon âme). Il m'a encouragé à encore plus ne rien faire, à me désencombrer de l'inutile, à vider mes placards, à être moins dans l'avoir et plus dans l'être, et à découvrir la « sobriété heureuse ». J'avoue que je suis assez séduit par cette idée d'une vie minuscule qui me permettrait peut-être d'écrire en majuscules, comme Christian Bobin. Après tout, maintenant que j'ai moins, ne dois-je pas être plus, ne serait-ce que pour ne pas perdre sur tous les tableaux ?

*

Quand je ne parcours pas la nature à pied avec Saturnin, je me réfugie au fond de mon bureau et je profite de mon exil volontaire pour faire silence et écouter le bruit du monde. En ce moment, j'entends surtout la souffleuse à feuilles mortes du voisin qui nettoie son jardin. Moi aussi, maintenant que je la connais d'un peu plus près, je voudrais faire quelque chose pour Gaïa. Car, quand je contemple le cosmos avec mon regard sombre d'homme qui ne rit plus, je vois bien que tout n'est pas rose sur la planète bleue. Les océans montent, les nappes phréatiques baissent, les dettes souveraines et François de Closets explosent... Gaïa devient aussi irascible que si elle avait arrêté de fumer. Je crois qu'elle n'en peut plus de nous qui avons tout sali avec nos empreintes carbone. Je peux la comprendre : elle a besoin d'une pause, d'un répit. Comme moi quand j'ai arrêté la quotidienne à RTL. Alors, si l'idée d'écrire revient un jour me hanter, je rédigerai sans doute un plaidoyer pour Gaïa : «AC l'apocalypse!» ou «Cent voies pour faire Terre».

A force d'écrire des sketches sur José Bové, Nicolas Hulot, Eva Joly..., j'en avais presque oublié que sous l'écologie il y a la Terre, et sur la Terre, des hommes comme moi, voire pire. Mes discussions avec Saturnin et mes siestes devant les documentaires de France 5 m'ont aidé à réaliser que je suis, moi aussi, responsable du désastre en cours et qu'à ce titre je dois remettre en question mon mode de vie, mes habitudes de consommation et même ma place au centre de l'univers. Saturnin est ravi de ma prise de conscience. Il estime qu'un écrivain d'aujourd'hui devrait s'emparer de la question, cruciale et urgente, de l'avenir de notre planète, et, pour m'encourager à faire un livre sur les calamités à venir, il m'a prêté un tas de bouquins passionnants et bien documentés. Je les ai feuilletés mais ils sont un peu trop terrifiants pour un débutant en cataclysmes comme moi. J'ai préféré commencer *piano*, avec du concret : un dépliant de GDF Suez Dolce Vita qui m'a appris que baisser le chauffage d'un degré permet d'économiser 10% d'émissions de gaz à effet de serre. Comme notre chaudière est encore en panne, je crois que je fais déjà beaucoup mieux.

*

Ce matin, j'ai beau bouillir de ferveur éco-responsable à l'intérieur, j'ai froid aux mains et aux oreilles, et, si je dois être honnête, en ces journées de fin d'automne où les brouillards et le givre matinaux perdurent jusqu'au soir, je regrette un peu la douce chaleur des studios de RTL, le café fumant, les viennoiseries croustillantes et l'irresponsabilité énergétique. Ces derniers temps, il m'arrive même de me mettre à ma fenêtre et, promenant mon regard sur les platitudes monotones qui me cernent, de douter tout à coup que la terre soit ronde quelque part, et plus encore qu'elle se réchauffe. Je viens d'ailleurs d'entendre Pascal Bruckner présenter son livre sur l'apocalypse[1] climatique à la radio et j'avoue que je commence à me poser les mêmes questions que lui : «*Pourquoi ne souligne-t-on jamais que l'augmentation des températures présente un certain nombre d'avantages concrets comme la culture de la vigne en Angleterre ou la production de fruits et légumes au Groenland?*» (avantages au rang desquels, personnellement, je rajouterais les économies de réparation de chaudières). Et si Bruckner avait raison de se défier du climatiquement correct et des prophètes de malheur pour qui les verres sont toujours à moitié vides et les coupes trop pleines? Je commence à me demander, moi aussi, si le changement climatique ne serait pas,

1. *Le Fanatisme de l'apocalypse. Sauver la Terre, punir l'Homme*, Grasset, 2011.

avant tout, «*une arme pour punir le genre humain en lui enjoignant de diminuer sa consommation d'énergie*». Et si les catastrophes, les guerres et les épidémies qu'on nous annonce au GIEC et dans les bouquins de Saturnin constituaient finalement une formidable opportunité pour régler le problème de la surpopulation? Que les émeutiers de la faim du Sud, dont on nous promet le déferlement au Nord, viennent donc se réfugier chez nous, j'imagine leur tête quand ils découvriront le prix de la baguette tradition.

*

Je deviens d'autant plus climato-sceptique que je vois de moins en moins clairement ce que je pourrais écrire de neuf sur le dérèglement climatique. Encore une fausse bonne idée de bouquin. Je suis incorrigible. J'ai malgré tout passé l'après-midi à échafauder le plan d'un roman millénaro-anticipatoire : suite à une brusque montée des mers, Pascal Bruckner, qui donnait une conférence au large de Chypre sur le yacht d'un ami ancien président, se retrouve échoué au milieu du Cantal. Pour survivre, il est contraint de cohabiter avec des survivalistes barbus antinucléaires et objecteurs de croissance. L'occasion d'un face-à-face sans tabous ni langue de bois, où les masques et les préjugés tomberont, notamment lorsqu'il s'agira de repeupler la Terre.

Des mammouths

En tant que consommateur, l'homme redevient solitaire, ou cellulaire, tout au plus grégaire.

Jean Baudrillard, *La Société de consommation.*

J'ai craqué. Malgré mon envie sincère de décroître et de faire copain-copine avec Gaïa, je suis allé chez Leclerc. La journée avait été froide, solitaire et stérile du point de vue de l'être, et j'ai été pris d'une irrépressible envie d'avoir. J'avais besoin de toucher de la marchandise, de voir des gens consommer et de m'acheter de nouvelles chaussures de sport. En sortant, j'étais sur le parking, devant le conteneur à verre recyclé, le cœur plus léger et le coffre lourd de produits pas chers (c'était la « Foire aux maxi-lots ») quand j'ai vu arriver Saturnin sur son vieux vélo hollandais qui couine. J'ai pensé, un court instant, qu'il m'avait suivi, mais il n'était là que pour décharger son sac à dos plein de bouteilles de jus de pomme. J'ai plongé dans mon coffre en faisant mine de ne pas le voir mais il m'a tapoté l'épaule, m'a souri et, tout en zieutant mon coffre débordant de bonnes affaires, il m'a demandé ce que je faisais là. J'ai ressenti aussitôt la culpabilité dont parle Bruckner et j'ai piteusement baissé les yeux.

— J'ai fait de grosses provisions, en un seul voyage, pour économiser l'essence..., ai-je expliqué. Il y avait un arrivage massif de maxi-lots.

Il m'a regardé de son beau regard, indulgent et limpide, d'homme qui a la conscience tranquille parce qu'il marche debout et en sandales (avec des chaussettes de laine à cause du froid).

— Rien que du premier prix, bien entendu..., ai-je tenté de me justifier. De l'essentiel.

— Sais-tu que chaque Français dispose d'une centaine d'esclaves lointains qui lui fabriquent son « essentiel », comme tu dis : ses vêtements, ses chaussures, ses téléphones, son essence ? Et moins c'est cher pour toi, plus c'est dur pour eux...

Bien que j'aie vingt ans de plus que lui, je me suis senti rougir. L'idée de faire trimer des esclaves quelque part m'a complètement gâché le plaisir d'avoir déniché un maxi-lot de 3 paires de baskets à 27 euros. D'autant que Saturnin m'a aussi expliqué que, même si on écoute bien, on n'entend pas nos esclaves geindre (ni chanter le fameux air du *Nabucco* de Verdi) vu qu'ils sont chinois, indiens, bangladais...

— Je suis désolé pour les esclaves, mais je n'avais plus de chaussures de sport, et depuis que je ne fous plus rien, je sens que je grossis... Tu en veux une paire ?

— Quand tu enfileras tes baskets pour brûler tes mauvaises graisses, tu penseras au gamin dénutri qui les a cousues pour 2 dollars par jour ?

J'ai senti que si je le laissais poursuivre, il allait aussi me reprocher d'avoir acheté un lot de 2 radiateurs électriques d'appoint (vraiment pas chers) et trois packs d'essuie-tout (à moins 50 % en tickets Leclerc). Mais, bon sang, merde à la fin ! Que faudrait-il faire pour être dans la prétendue « joie de vivre » des décroissants ? Se chauffer à la chaudière en panne ? Acheter ses baskets à la pièce ? Et pourquoi pas téléphoner sur un Nokia à piles, comme ma mère ?

Alors, j'ai pensé au bouquin de Pascal Bruckner et je me suis révolté.

— Ecoute, Saturnin, laisse-moi juste te raconter une petite blague. C'est l'histoire de deux hommes préhistoriques qui bavardent en revenant de la chasse aux mammouths. Le premier dit à son compagnon : « Tu sais, dans quarante mille ans, il y aura sept milliards d'êtres humains sur la Terre. » L'autre lui répond : « Tu es fou, il n'y aura jamais assez de mammouths pour nourrir tout le monde. Il faudrait au moins 6 000 planètes ! »

Il m'a semblé que j'avais ébranlé ses certitudes et j'ai profité de mon avantage :

— Ce que veut nous dire Pascal Bruckner, c'est que l'intelligence humaine, même la sienne, est impuissante à anticiper les possibilités illimitées offertes par le progrès, la technologie et la disparition des mammouths.

*

Rentré chez moi, en déballant toutes mes bonnes affaires, je me suis dit que j'y étais peut-être allé un peu fort avec le gentil Saturnin. Après tout, tant mieux pour lui s'il goûte la « simplicité volontaire ». En ce qui me concerne, je crois que la décroissance, ce n'est décidément pas fait pour moi. La porte est trop étroite pour que je puisse y passer avec mon Caddie. Le sentier trop lumineux pour que je le regarde sans mes Ray-Ban fabriquées par des esclaves. Je veux bien fermer le robinet quand je me brosse les dents ou m'éclairer à l'ampoule basse consommation (même si ça me donne mauvaise mine), mais que puis-je faire d'autre à part m'en remettre à notre intelligence collective ? Faisons confiance au progrès et à l'homme ! N'avons-nous pas déjà montré, par le passé, ce dont nous sommes capables ? Et comme nous serons bientôt neuf milliards, nous allons pouvoir nous surpasser. Quant à moi, j'abandonne la sobriété, même luxueuse, la frugalité, même copieuse, et la littérature militante, même raseuse.

Les prix et la prune

This here's a zoo and the keeper ain't you.

Lou Reed, « Sick of You ».

Hier soir, dimanche, Lou Reed est mort. Il était mon idole depuis près de quarante ans. Pour une fois que j'avais bon goût... Mon ami Albert Algoud, forçat de l'humour comme moi et qui a été mon compagnon d'écriture pendant des années, a eu, un jour, la chance de l'interviewer sur sa poésie. Il vient de m'écrire un mail dans la syntaxe duquel j'ai deviné des yeux brouillés par le chagrin. « *Je sais que tu l'aimais et c'est pour ça que je te parle de lui...* », conclut-il. C'est vrai que, outre sa musique, j'aimais chez Lou Reed sa remise en question permanente, ses pieds de nez anticommerciaux, son refus de s'installer dans un créneau artistique confortable. Je pense notamment à son album *Metal Machine Music*, deux disques de bruits électroniques, inécoutables, sortis peu après le triomphe de *Transformer*, comme pour casser la dynamique aliénante du succès. Alors que moi, depuis la sortie de mon recueil de pastiches *Et si c'était niais ?*, je n'ai plus jamais publié de tube littéraire et je suis plutôt dans la peau d'Hervé Vilard après son « Capri, c'est fini ».

Je ne peux m'empêcher de penser que, si j'avais le talent et la liberté de Lou Reed, je profiterais de mon temps, si libre désormais, pour faire moi aussi une œuvre inclassable, inqualifiable, insoutenable. Pourquoi ne pas essayer de rédiger un genre de « Metal Machine Manuscrit » ? Un texte à peine lisible, éreinté par la critique unanime mais qu'on citerait dans ma nécrologie comme une preuve de courage et d'indépendance car en rupture totale avec mon travail d'humoriste routinier et bien rémunéré. Qui sait d'ailleurs si les éditions Plon ne seraient pas intéressées par un recueil de bruits, invendable certes, mais destiné à devenir culte ? Il faudra que j'en parle à Taillandier.

*

Depuis la mort de Lou Reed, mon envie de me mettre à écrire librement, débarrassé de toutes contraintes, est revenue, plus pressante que jamais. Je sens confusément que j'ai quelque chose à dire absolument mais je ne vois pas du tout quoi. En attendant de le découvrir, j'ai lu quelques textes des auteurs urbains *underground*, compagnons de route de Lou Reed. Quelle liberté, quelle insouciance, quel mépris de la réussite sociale et du code de la route. Tout ce qui m'a toujours manqué... Il faut dire que beaucoup de mes héros de ces années-là avaient en commun le goût des addictions massives et mortifères qui aident à s'affranchir des contingences terrestres et des règles de grammaire. Du coup, l'idée d'user d'adjuvants artificiels pour stimuler ma créativité m'a séduit. Comme je sais que je résiste mal aux substances hallucinogènes ordinaires (même coupées avec du cirage) et que le peyotl pousse mal en Seine-et-Marne, j'ai commandé par Internet des champignons magiques sur un site de vente par correspondance. J'ai hâte de découvrir l'effet libérateur qu'ils auront sur moi.

*

Ce matin, il pleut, les champignons magiques ne sont pas encore arrivés, et, en dépit de mon vœu de solitude, je songe en soupirant au train du livre qui partira sans moi à la foire de Brive, emmenant dans ses wagons-salons cliquetants la république des Lettres au grand complet. Depuis des années, en tant qu'auteur comique publiant régulièrement d'aimables pochades, j'y avais ma petite place, dans le wagon de queue, côté couloir, pas loin de Jean-Loup Chiflet et de quelques autres intrus de mon acabit qu'on tolère à bord parce qu'ils payent leur billet et leur repas... Pour une fois, je ne serai pas du voyage. Est-ce que je le regrette ? Je crois pourtant que non.

Si je dois revenir un jour à Brive par le train du livre, je veux que ce soit, comme Erik Orsenna, Gonzague Saint Bris ou Mimie Mathy, dans le wagon de tête des écrivains sérieux et *bankables*.

Alors, en attendant d'avoir trouvé la forme littéraire qui me donnera une place d'honneur dans le train des Lettres, j'ai décidé de m'occuper de celle de mon corps. Je l'ai beaucoup trop négligée durant toutes ces années passées à écrire des sketches, cloué des journées entières devant mon ordinateur, n'importe où, n'importe quand, dans l'urgence absolue de rire de tout et de n'importe quoi. Pendant que tout le monde s'empiffre sans moi de foie gras et d'omelette aux truffes arrosés de vieille prune, j'ai décidé de reprendre les pompes et de faire au moins une heure de sport par jour, en écoutant le podcast des « Grandes Gueules » sur RMC ou « Pas la peine de crier » sur France Culture, car j'aime bien les contrastes.

*

Je réalise qu'après Brive, la rentrée de septembre cédera la place à celle de janvier et que je ne serai ni de l'une, ni de l'autre... Au printemps dernier, en cohérence avec ma décision d'arrêter l'humour, j'ai refusé la lucrative proposition d'écrire la version masculine de *La femme parfaite est une connasse*, et cette année, pour la première fois depuis longtemps, je n'ai donc rien publié. Mais pas question pour autant de sombrer dans la délectation morose de ne pas en être. Même si, vu le niveau général de cette rentrée, j'aurais eu toutes mes chances d'y briller, ne serait-ce que par contraste. Alors que l'année prochaine, si j'en suis, je parie qu'il y aura un Schmitt, un Adam, un Reinhardt, voire, plus redoutable encore, un Laurence Tardieu.

*

A défaut d'être lu, je lis. Je me suis plongé avec gourmandise dans les piles de nouveaux romans qui sont sortis en septembre, signe de l'inusable créativité littéraire de notre France des lettres, pays du Sujet, du Verbe et du Complément de ressources. Autrefois, je bouquinais les nouveautés pour en rire ou les pasticher. Aujourd'hui que je sais à quel point il est difficile d'écrire, je les aborde avec gravité et les soupèse avec respect.

Comme je ne peux pas tout lire, j'ai consulté les classements des meilleures ventes pour éviter de perdre mon temps avec des ouvrages dont personne ne parle puisqu'ils ne sont pas dans les classements des meilleures ventes. Car, plus que l'avalanche de chefs-d'œuvre, ce qui est passionnant dans une rentrée littéraire, c'est le débat, la dispute, la polémique. Quel jeune prof, déniché par Gallimard, doit-il être proclamé « nouveau Proust » cette année ? Quel sujet tabou sera-t-il à la mode tout l'hiver ? Quel roman faut-il consacrer « livre choc » de l'année ? (En ce qui me concerne, le mieux qui me soit arrivé fut d'être proclamé « boule puante de la rentrée ».) Globalement, je ne regrette pas d'avoir lu, quitte à commencer par la fin parfois, les favoris de cette saison, car cela me permettra de prendre parti sur les blogs, les réseaux sociaux et dans les apéros à La Coupole ; ce sera ma façon de contribuer, moi aussi, à la vitalité du débat littéraire français que le monde entier nous envie.

*

Je vais aussi suivre de près les prix littéraires. A part le prix Tortoni, en 2010, je n'en ai jamais reçu... Est-ce que j'en conçois quelque amertume ? Je mentirais en prétendant que je n'ai jamais eu le cœur serré de découvrir qu'on m'avait encore oublié dans telle ou telle liste (je pense notamment au prix Décembre, dont les 30 000 euros de dotation m'auraient sans doute aidé à accoucher plus vite de l'écrivain qui est en moi). Recevrai-je, un jour, l'un de ces prix prestigieux qui font si bonne impression sur la page Wikipédia de leurs récipiendaires ? Pourquoi pas... Encore faudrait-il que je trouve un éditeur assez généreux pour m'offrir une photo en noir et blanc crédible à mettre sur la couverture de mon livre. Car je n'y arriverai jamais avec celle du canapé rouge de chez Chiflet sur laquelle je souris niaisement. Mais il est inutile – et presque douloureux – d'y penser pour le moment. Même si quelque chose en moi, comme une promesse bredouillée à mon oreille poilue par une attachée de presse ivre, me dit que, maintenant que j'ai arrêté de rire bêtement, si j'arrive à écrire un vrai livre, les prix sérieux pourraient venir, et avec eux les prestigieux bandeaux rouges et leurs cohortes d'acheteurs qui ne savent pas quoi offrir à Noël.

*

Je joue avec cette question, toute théorique : comment réagirais-je si on m'attribuait tel ou tel grand prix ? En fin de compte, je pense que je le refuserais. J'enverrais un communiqué, poli mais ferme, à ceux qui m'auraient couronné contre mon gré : «*Mesdames, messieurs les jurés, j'étais dans ma cuisine en train d'achever ma vaisselle de midi lorsque j'ai entendu, en direct à la radio, que l'on m'avait décerné le prix xxx. Pour user d'une allégorie poétique, sachez que cette nouvelle m'a fait le même effet que si j'étais tombé d'un train d'ébahissement roulant sur les rails de ma stupéfaction avant de s'arrêter à la gare de ma légitime surprise. Toutefois, bien que sensible à l'honneur d'avoir été choisi et au fait que cette récompense me permettrait de m'acheter un lave-vaisselle, je suis au regret de vous informer que je refuse votre distinction. N'y voyez rien de personnel, je refuserai de la même façon toutes les autres récompenses qui me seront attribuées, même si elles sont plus prestigieuses que la vôtre (comme l'ont fait, avant moi, Julien Gracq pour le Goncourt, Jean-Paul Sartre pour le Nobel ou Mylène Farmer pour le Prozac de la chanson). Libre à vous, toutefois, d'indiquer sur le bandeau de couverture que mon livre a obtenu votre prix xxx (à condition de bien préciser que je l'ai refusé). Votre dévoué etc.* »

Quant à ceux qui diront qu'il est un peu facile de refuser ce qu'on ne m'a pas encore proposé, je rappellerai que ce n'est pas parce qu'on est au régime qu'on ne peut pas faire la grève de la faim. D'ailleurs, si le Grand Journal ne m'invite pas quand je sortirai mon livre, je compte bien refuser d'y passer.

Erreur 404

Quis custodiet ipsos custodes?
(« Qui surveille ces surveillants ? »)

Juvénal, *Satire VI.*

Toujours aucune nouvelle des champignons, de François Taillandier et de Plon. Pour les champignons, au fond, tant mieux. Je n'accéderai jamais à la joyeuse cosmologie en couleurs d'Alan Watts et je devrai me contenter des *trips* de Carlos Castaneda en Folio essais.

Je me console en me disant que, vu le piteux état psychologique dans lequel je me trouve, sous l'effet des alcaloïdes, j'aurais peut-être épousé la voisine, sauté par la fenêtre et eu mal à la tête pendant une semaine.

*

J'ignore si c'est un effet de l'arrêt de l'humour ou de la chaudière mais mon moral est au plus bas. J'ai le sentiment d'être englué dans une morosité aussi poisseuse que la situation dans laquelle je viens de me fourrer en toute innocence. La semaine dernière, j'ai reçu un courriel me proposant de signer la pétition des « 343 salauds », élégamment baptisée « Touche pas à ma pute ». J'avais en tête la chanson de Brassens : « La complainte des filles de joie[1] », et j'étais très honoré de faire partie des heureux défenseurs des prostitué(e)s aux côtés de Bedos (pas Guy, l'autre), Durand (pas le Radio Classique, le Médicis), Caubère (pas la commune de la Somme, le comédien)... De plus, maintenant que je n'écris plus de livres grand public, que je ne produis plus de sketches rigolos et que je ne suis plus invité aux premières en vue, j'ai pensé que ce serait une façon comme une autre de continuer à exister un peu. La dernière fois que j'ai signé une pétition, c'était en 2009, pour soutenir Marie NDiaye face à Eric Raoult, et ça m'avait plutôt réussi. Eric avait dit à Marie, en substance : « Quand on a le Goncourt, on ferme sa gueule », et, grâce à mon indignation légitime, j'avais eu, pour la première fois, mon nom dans *Le Monde*. Pas en caractères gras (comme les écrivains confirmés), en petit et en italique, mais il n'empêche que l'opération avait malgré tout été profitable pour la liberté d'expression de Marie NDiaye et pour mon positionnement dans le monde des Lettres. Hélas, la pétition de *Causeur* contre la pénalisation des clients de la prostitution

1. « Bien que ces vaches de bourgeois / Les appellent des filles de joie / C'est pas tous les jours qu'elles rigolent, parole, parole... »

risque de tout remettre en cause. Non seulement elle déclenche un tollé mais en plus je ne suis même pas cité parmi les salauds (rebaptisés « les 343 connards » par un site qui publie la photo d'une trentaine de personnalités signataires mais pas la mienne). Partout, il n'y a en que pour Eric Zemmour, Nicolas Bedos, Philippe Caubère... Pire : dans le site du *Nouvel Observateur*, les signataires sont qualifiés de « *pot-pourri représentatif de la décrépitude morale de la branchitude intello-dérision des années 80 ayant viré au réac* » alors que j'étais à peine né en 80. Et voilà comment, en signant n'importe quoi, on ruine sa e-réputation. Car je ne doute pas que mon nom, pour le moment caché dans le bas de la liste, ne finisse par apparaître sur Internet, associé à jamais à ce brûlot stigmatisant et clivant qui n'aura servi qu'à me fâcher avec mes sœurs (ni putes, ni soumises mais militantes féministes). Et plus rien ni personne ne pourra effacer mon erreur fatale de la mémoire éternelle de Big Data.

*

C'est en fouillant *Le Monde* à la recherche de ma signature parmi celles des 342 autres connards, que j'ai appris que Big Data est le petit nom donné au stockage et au traitement de toutes nos données numériques. Evidemment, mon ami Saturnin, qui, en plus d'être décroissant, est technophobe et paranoïaque, affirme que, dans le monde numérique, la marchandise, c'est nous. Il est vrai que j'ai découvert récemment que 500 nouveaux amis Facebook s'achètent

19,90 euros sur les sites de «*community management*». D'abord choqué, j'ai ensuite calculé que cela met l'ami à 3,9 centimes pièce. On n'est donc pas si loin que ça du gratuit. De plus, Saturnin exagère, comme toujours : l'exploitation des informations personnelles par les centres de données est loin d'être au point. Par exemple, si les robots espions de Google surveillaient vraiment mon ordinateur, ils sauraient que je n'ai pas envie de cuisines équipées et que, même si j'ai signé la pétition «Touche pas à ma pute», je n'ai pas besoin de rencontrer des femmes chaudes dans ma région, ni de développer certaines parties basses de mon anatomie. Si les systèmes géraient déjà ma vie, comme le craint Saturnin, ils auraient compris depuis longtemps que ce que je recherche, c'est une forme littéraire à proposer chez Plon. Et ils pourraient même me suggérer un format, un thème, une couverture pour mon prochain livre... Car, j'en suis persuadé, la recette du livre idéal existe. Elle est déjà prête, quelque part, dans les entrailles des serveurs, grâce aux liseuses électroniques qui transmettent, en temps réel, nos «*localisation, dernière page lue, notes, signets, passages surlignés...*», comme le rappellent les conditions d'utilisation du Kindle. D'ailleurs, si j'avais accès à ces données de lecture, je ne passerais pas mes journées à procrastiner devant le feu. Je serais en train d'écrire des livres sans craindre, à chaque phrase un peu trop longue pour la largeur de l'écran, à chaque baisse de rythme, à chaque faiblesse de l'intrigue, à chaque idée trop complexe pour être lue à rollers sur une liseuse de sport et à chaque répétition reloue de « à chaque », que mes lecteurs éteignent leur eBook au vu et au su de tous les robots du monde.

*

Hier soir, j'ai mis en place une alerte Google « Fioretto + putes + salaud », et ce matin, comme je le craignais, j'ai découvert que mon nom a fini par apparaître dans les listes des signataires. Du coup, mon compte Facebook est pris d'assaut par des tas d'amis inconnus et mécontents : « *Si t'es mal baisé, va te faire f... ! – La lesbienne invisible* », « *Entre argent et jouissance (jouis-sens), il y a une ascèse de l'acte qui ne se peut agir qu'au prix du rejoindre un "c'est écrit" où s'instaurerait le rapport sexuel consenti – Lacania78* », « *Je suis très déçue – Ta Maman* »...

Cela fait maintenant six ans que je suis inscrit sur Facebook. J'y parle de moi, des gens et des choses que j'aime. Je ne cache rien, pas même les photos de mes tartes aux pommes ou de mes nouvelles chaussures. J'ai patiemment réuni plus de 2 000 amis fidèles et gratuits, soigneusement sélectionnés, que j'informe scrupuleusement chaque fois que je publie un livre. J'ai calculé que si seulement 2 de mes amis sur 10 achètent mon dernier ouvrage, cela me fait déjà 400 exemplaires écoulés. Naturellement, pour maintenir ce bon ratio amitiés/ventes, je suis très exigeant dans le choix de mes amis. Je vire ceux qui ne savent pas lire et ceux qui écrivent des livres car ils m'agacent avec la pub qu'ils font pour leurs bouquins.

Malgré cela, certains se croient aujourd'hui autorisés à «pourrir» mes statuts et mes *posts*. Je me pose la question, je leur pose la question : que faites-vous sur mon mur? Oui, mon mur, ma page, mon espace de liberté, pourquoi voulez-vous en être? Aujourd'hui que la technologie nous permet d'être tous interconnectés et de tout partager, pourquoi tout gâcher en introduisant de la méchanceté dans la matrice?

*

Avant, je ne savais que penser de l'administration numérique de nos vies par les machines. J'hésitais entre la vision ronchonne de Bernanos dans *La France contre les robots* : «*Un monde gagné par la technique est perdu pour la liberté*», la paranoïa de Marcuse : «*La machine est une esclave qui sert à faire d'autres esclaves...* », et l'optimisme en plastique de Tim Cook, président d'Apple : «*Notre mission est de vous offrir quelque chose que vous ignoriez vouloir et dont vous ne pouvez plus vous passer une fois que vous l'avez.*» Mais depuis que j'ai été agressé contre mon mur, je pense que, dans la vie numérique, le mal vient des hommes et que jamais un robot ne critiquerait un autre robot pour ne pas avoir signé la bonne pétition.

Quand on n'a rien à cacher, hormis une pétition de salauds et quelques *sex tapes* sous-exposées, comme c'est mon cas, pourquoi craindre la surveillance de Big Data? On nous dit que les systèmes informatiques nous connaissent mieux que nous ne nous connaissons nous-mêmes. Et alors ? Grand bien leur fasse s'ils arrivent à trouver un semblant d'ordre et de logique dans le chaos qu'est devenue ma vie ces derniers temps. Moi, je m'y perds, et je ne vois pas au nom de quoi je devrais empêcher qu'on numérise mon existence si ça la rend objectivement plus efficace. N'est-ce pas déjà le cas en économie ? En ce moment même, pendant que nous jouons tranquillement au golf à Rambouillet, des machines n'administrent-elles pas de façon neutre et performante notre épargne ? Et bientôt, en utilisant mes courriels, mes achats, mes commentaires sur les réseaux sociaux..., la matrice se débrouillera toute seule. Il me suffira de l'effleurer sur un écran tactile pour abolir ma cybersolitude et m'affranchir des limites spatio-temporelles de ma petite vie glacée. Et si au lieu de sublimer ma libido en essayant d'écrire un livre ou en marchant dans la boue j'ai envie de me détendre en bonne compagnie, je n'aurai qu'à remplir un questionnaire et les robots me communiqueront aussitôt une sélection d'humains avec qui je serai sûr de jouir sans entraves et sans temps morts. Et qui sait si nous ne deviendrons pas amis sur Facebook ?

Un repas chaud

L'embarras du choix, c'est l'angoisse.

Romain Gary, *Gros-Câlin.*

Les arbres nus frissonnent sous l'effet d'une bise glacée qui, cette nuit même, a été fatale aux pélargoniums que j'avais promis à M. de mettre à l'abri avant les premières gelées. Je les dissimulerai tout à l'heure sous le tas de compost et il n'en saura rien. Inutile de l'attrister avec de mauvaises nouvelles. Il s'inquiète déjà assez de l'air funèbre que j'arbore depuis que j'ai arrêté la rigolade. Pourtant, quand je travaillais dans l'humour, il se plaignait de m'entendre hurler de rire au téléphone pendant des heures. Il est vrai que, dès qu'Albert Algoud ou Laurent Gerra m'appelait, nous commencions instantanément à rire, souvent pour rien, si ce n'est pour nous encourager mutuellement à être drôles. Quel métier.

Dans ma vie d'avant, j'aurais sans doute écrit un sketch mettant en scène Eva Joly à propos de l'épisode des pélargoniums.

Jade (partenaire de Laurent) : Bonjour, Eva Joly !

Eva Joly : *Shruben kveld, Froken* Jade.

Jade : *Shruben kveld*, madame Joly. Vous avez l'air bien contrarié...

Eva Joly : *Yack!* Je suis très contrariée, *Froken* Jade. Je suis ferte de rage. Car j'avais confié Jorgen et Birgitt, mon couple de pélargoniums, à Cécile Duflot et elle les a laissés geler. Elle les a laissés tout seuls dehors, dans la nuit glaciale. Méfiez-vous de Cécile Duflot, *Froken* Jade. Méfffiez-vous...

Etc.

Mais désormais, j'ai arrêté les bêtises, et ces pauvres plantes, rabougries et flaccides, m'évoquent plutôt les quelques cheveux qui me restent et que j'entretiens du mieux que je peux. Ces derniers temps, je pense beaucoup à la vieillesse et je les surveille de près. J'ai commencé une cure à base de « *cellules souches folliculaires qui inhibent la 5-alpha réductase des couches basales de l'épithélium et stimulent les kératinocytes bio-compatibles du bulbe pileux* ». Tous les matins, je fertilise mon cuir chevelu en espérant obtenir, au printemps prochain, les 1750 nouveaux cheveux promis par la notice. J'ai aussi consulté, la semaine dernière, un dermatologue parisien spécialisé dans les implants capillaires. Il me propose 2100 nouveaux bulbes pour 5500 euros, soit moins de 40 centimes le bulbe (c'est tout de même dix fois plus cher qu'un ami sur Facebook). Le praticien, l'un des meilleurs de Paris si j'en crois sa dentition plus que parfaite, ressemble un peu au mari de Barbie mais en plus âgé et plus bronzé. L'intervention consiste à extraire des cheveux de la nuque pour les replanter dans les golfes clairs du devant du crâne. L'idée, radicale, technologique, douloureuse, me séduit, mais M. n'est pas très enthousiaste à la pensée que je me fasse creuser des tranchées au niveau de l'occiput avec le risque, en guise de complications postopératoires, de ressembler à Berlusconi. Nous verrons plus tard. En attendant, je constate, avec un certain soulagement, que plus le temps passe, moins c'est grave de vieillir. Il suffit de devenir un nouveau vieux. Un de ces vieillards souriants, séduisants et médiatiques, pleins d'empathie pour la jeunesse, de compréhension et d'enthousiasme pour notre époque. Quand je serai vieux, je compte bien, moi aussi, trouver « rudement sensass' » le web 3.0, les petites poucettes et les vertus émancipatrices des réseaux sociaux. A condition que j'aie toujours assez de cheveux pour me bricoler une mèche blanche à la Jankélévitch, pas question de porter une casquette à carreaux comme Jean-François Kahn.

*

Malgré ma reprise du sport, la chair est molle, hélas, et j'ai lu tous les livres que j'avais mis de côté ces dernières années. J'ai l'impression que le silence se referme peu à peu sur moi. Personne ne m'appelle, mis à part les opératrices lointaines et mélancoliques des *call centers* pour me vendre des fenêtres en alu. Aussi, autant l'avouer franchement une fois pour toutes, je commence à m'ennuyer un peu même si je sais bien que je dois profiter de l'*otium* que je me suis offert en arrêtant l'humour pour accéder, peu à peu, à une compréhension profonde de ce que je veux faire de ma vie. En attendant d'en avoir la révélation, j'ai accepté l'invitation à dîner d'un producteur papelard qui ne sait pas encore que je ne suis plus comique.

*

Le producteur avait réservé une table à La Closerie des Lilas et j'étais en avance. Pour tuer le temps, j'ai songé à toutes les heures que j'avais passées ici, du temps que j'étais jeune, dondaine, ma dondaine. Avec Renaud, avec Roda-Gil, avec David McNeil, avec Franck Langolff et Jean-Jacques Debout au piano (uniquement après minuit). Quand on a, comme moi, «*quitté [sa] province coincée, sous les insultes, les quolibets*», ainsi que le rappelle gentiment Renaud dans la chanson qu'il m'a dédiée[1], La Closerie, c'est là où tout commence et où tout finit, notamment les illusions et les économies. Certes, les lilas sont morts, un peu à cause de la fumée des cigares et beaucoup par ennui. Et les muses du mont Parnasse boycottent depuis longtemps la déco néo-Belle Epoque. Mais tout de même, assis à l'une des tables en vieux bois tout neuf, astiquant du coude la plaque en laiton qui rappelle aux ploucs que Picasso, Rimbaud, Sagan, Aragon, Hallier, Lénine... nous ont précédés en ces lieux, comment

1. «Petit pédé», *Boucan d'enfer*, 2002.

résister à l'envie d'écrire un livre, de composer une chanson ou de lâcher un tweet dans la pénombre ?

Dès l'apéritif, le producteur m'a exposé son projet : l'adaptation scénique d'une bande dessinée célèbre, et il m'a proposé d'intégrer une équipe d'auteurs pour en écrire le livret. Je lui ai menti en lui disant que j'allais y réfléchir soigneusement, et nous avons passé le repas à partager nos connaissances communes en matière d'adaptation. Lui, sourire en coin, dans son rôle d'entourloupeur indépendant, moi, sourire en biais, dans celui de futur entourloupé à qui on ne la fait pas.

Le dîner était achevé. Nous étions à l'heure dorée où les grands fauves des médias ou de la politique, et leurs femelles hyaluronées, viennent s'abreuver et marivauder dans un brouhaha d'où émergent à peine quelques mesures venues du piano-bar (« *Longtemps, longtemps, longtemps, après que les poètes ont disparu...* »). Soudain — j'aurais peut-être dû m'y attendre, l'arrêt brutal de l'humour ne pouvait se faire sans effets secondaires —, j'ai été victime d'une crise d'angoisse comme je n'en avais pas connu depuis longtemps.

*

On venait de nous apporter l'armagnac quand je me suis aperçu que je n'étais plus tout à fait là. J'ai commencé à flotter en moi-même et à voir de loin la véranda Art déco, les fleurs fraîches au centre de la table, les couverts en vermeil, l'éclat sombre du vin dans les verres... Ce n'était pas un regard distancié à la Brecht, plutôt un plan séquence à la Brian de Palma. Je voyais toujours le producteur qui vapotait gravement en parlant de budget, de billetterie, de Stade de France, mais j'ai réalisé que je ne l'écoutais plus. Les choses commençaient à perdre leur familiarité, le monde se désorganisait, la réalité se défaisait. J'ai reconnu l'arrivée de la crise. J'ai lu dans *Psychologies Magazine* qu'on nomme cette chose qui essaie de surgir le « forclos » (alors que Ridley Scott l'appelle l'Alien). Le producteur s'est arrêté de parler et m'a dévisagé. La chemise collante de sueur, j'ai bredouillé quelques mots d'excuse, j'ai rassemblé mes forces et je suis allé aux toilettes. J'ai toujours une paire de comprimés de Lexomil dans mon portefeuille, ne serait-ce que pour survivre aux fêtes de fin d'année ou à une panne d'ascenseur, mais je n'en ai retrouvé qu'un, noirci et à moitié écrasé que j'ai renoncé à avaler. J'ai essayé de me concentrer sur quelques points fixes et solides de ma vie. J'ai retrouvé facilement mon prénom, mon âge, le nom du restaurant où je me trouvais (il n'y a qu'à La Close que le pianiste joue trois fois par soir « Joyeux anniversaire »). Mais impossible de me rappeler mon adresse. J'ai senti se dresser les poils de mes avant-bras (qui se portent mieux que mes cheveux) comme cela arrive trop rarement devant « Nouvelle Star ».

*

Par chance, il y a quelques mois, j'ai stocké dans un serveur informatique toutes les « données importantes » de ma vie (ainsi que quelques photos pour faire plus convivial). L'accès à mon bout de nuage requiert un identifiant et un mot de passe, que j'avais oubliés eux aussi, mais qui sont récupérables à l'aide de questions personnelles : « Quel est ton film préféré ? », « Comment s'appelait ta professeure d'anglais en sixième ? », « Quel est l'animal le plus dangereux ? »[1]...

Il y a encore quelques mois, face à l'inquiétante étrangeté qui menaçait de m'engloutir, j'aurais sans doute posé un regard professionnel sur cette scène à fort potentiel comique : un type a un rendez-vous important mais il a une crise de panique. Il ne sait plus qui il est, ni ce qu'il fout là. Il se réfugie dans les toilettes pour se rafraîchir les idées mais il s'asperge tellement qu'il mouille aussi son pantalon (il faut penser visuel). Pour essayer de faire disparaître l'auréole suspecte, il chevauche le sèche-mains Dyson tout en appelant un ami pour lui poser des questions idiotes (« Il faut absolument que tu m'aides : quel est l'animal le plus dangereux ? »), tout ça afin de retrouver comment il s'appelle... Ce n'est certes pas du Jacques Tati, du Woody Allen, du Ricky Gervais ou du Larry David, mais ça ferait largement l'affaire pour un téléfilm français.

Mais l'autre soir, je n'ai pas cédé à la tentation du rire. Enfermé dans les toilettes de La Closerie, j'ai repensé à ma promesse de choisir la gravité. J'ai tenu bon et, au sein de la secrète correspondance qu'entre-

1. Aujourd'hui que je vais mieux, je peux répondre sans hésiter : *Fanny et Alexandre*, « Madame Poyet », « La tortue parce qu'elle te tord et elle te tue ».

tiennent, si j'en crois Virginia Woolf, le rire et l'angoisse, j'ai choisi la seconde. Je suis resté nu, trempé et désarmé face au chaos, à mon questionnaire et au lavabo. Je me suis laissé engloutir par la Bouche d'Ombre qui a fini par me recracher. J'ai peu à peu retrouvé mon adresse, mes codes et mes esprits. Quand j'ai rejoint mon producteur, il avait réglé l'addition et attendait mon retour en entourloupant quelqu'un d'autre au téléphone pendant qu'il était chaud.

En rentrant chez moi, mon digicode écrit au creux de ma paume, je me suis dit que, pour peu que j'y mette le ton et suffisamment de pathos, ça ferait de la bonne matière littéraire. Et j'ai décidé de relancer Plon.

Hocus Pocus

Où irais-je, si je pouvais aller?

Samuel Beckett, *Textes pour rien.*

C'est peut-être une superstition idiote mais je crois que débuter un chapitre par une citation profonde (voire carrément vertigineuse, comme celle ci-dessus) contribue à donner du poids, du souffle, du sens et, pourquoi pas, de l'intérêt à ce qui est écrit en dessous. Il faudrait que je demande à des écrivains de confiance si, eux aussi, utilisent ce petit truc pour lester leurs écrits. Toutefois, M. me dit que je devrais lâcher la rampe, laisser tomber les béquilles et les citations et parler avec ma propre voix. Je crois qu'il a raison car, comme l'a très bien dit Roland Dumas dans «Le Comte de Monte-Carlo» : «*Tu cites, tu cites, c'est tout ce que tu sais faire...*» Quoi qu'il en soit, j'ai rédigé l'épisode du restaurant et il me semble que mon style s'affirme, qu'il se fait plus pesant, plus pénible, plus littéraire. Comme si, peu à peu, je me préparais à franchir la frontière qui sépare l'art de sa caricature. Comme si je devais bientôt rejoindre le camp de tous ces écrivains respectables que j'ai humiliés, outragés, martyrisés.

*

Hier soir, j'ai rencontré Muriel Beyer de chez Plon. J'avais rendez-vous avec elle et François Taillandier dans le *lounge* du Montalembert. Là même où autrefois, à l'heure de l'apéritif, Josyane Savigneau et Philippe Sollers refaisaient le Monde (des Livres). La réunion s'est plutôt bien passée. Ils ne sont pas du tout hostiles à l'idée de m'éditer mais ils voudraient savoir ce que je leur propose (ils travaillent à l'ancienne). J'ai réussi à rester vague. Je n'ai pas parlé de mon projet de recueil de bruits « Metal Machine Manuscrit » destiné à devenir culte. J'ai senti que ce qui les intéressait en moi, c'était plus l'ex-humoriste que le futur écrivain. Comment leur en vouloir, puisque ni eux, ni moi ne savons encore ce qu'ils perdent. Pour les rassurer, sans leur mentir complètement, j'ai évoqué une forme nouvelle, expérimentale, située quelque part entre le *one-man show* de Gad Elmaleh et *Les Cahiers de Malte Laurids Brigge* de Rilke. Ils m'ont demandé s'ils pourraient bientôt en lire quelques extraits. J'ai dit que oui, absolument, mais que j'étais en train de retravailler les dialogues. Je crois les avoir convaincus car Muriel m'a promis de « revenir vers moi » dès que possible. Est-ce un augure encourageant ? En tout cas – je le sens à la fièvre qui m'habite – le virus de la littérature s'est bel et bien emparé de moi.

*

Depuis que l'angoisse a refait son apparition dans ma vie, je sais qu'elle peut surgir à la moindre occasion, et je me tiens prêt à l'accueillir car je pense que cela peut susciter quelques belles pages. En attendant que *ça* vienne, je cherche dans Google des interviews d'écrivains homologués qui révèlent quelques-uns de leurs secrets de fabrication. L'un d'eux explique que «*le matin [il] s'assoit sur [sa] chaise et que ça n'est que ça : un geste, un autre, comment ça se compose, comment ça se décompose, comment ça se suit, comment ça s'entraîne...*». Ce n'est peut-être que *ça*, pourtant, même après m'être assis sur ma chaise, même après plusieurs gestes et quelques cafés serrés, *ça* n'arrive toujours pas. Un autre écrivain (photos avant/après à l'appui) confie qu'il a perdu «*35 kilos pour faire sortir [son] dernier-né parce qu'il avait besoin de se sentir léger pour écrire à l'os*». Alors que moi, depuis que je me suis remis à l'écriture, je grignote toute la journée.

*

Aujourd'hui, hasard, coïncidence ou clin d'œil du destin? Christine Orban vient de poster sur son mur Facebook quelques phrases qui vont peut-être me donner la direction.

«A un journaliste de "La Règle du Jeu" qui me demandait comment j'écris, j'ai répondu : "Au présent pour me consoler, au passé pour comprendre, au futur pour vivre une autre vie que la mienne." Mais c'était il y a trois mois, aujourd'hui je lui dirai [*sic*] : *"Avec mes mains, avec ma tête, avec de la solitude, avec du temps, une dose d'incompréhension, de révolte et de douleur."»*

Ainsi, il suffirait de savoir conjuguer tous les temps pour écrire ? Pourquoi Christine écrit-elle (avec ses mains, avec sa tête) ; «aujourd'hui, je lui dirai» et pas «je lui dirais» ? Peut-être, pour écrire, faut-il être à l'aise avec le passé, le présent et le futur et moins avec le conditionnel ? A moins que, parfois, les mains refusent d'obéir à la tête ?

*

Je sais bien que je dois me montrer patient. Pourtant, j'aimerais tant enfanter, le plus vite possible, une «*symphonie de l'intime, écrite à la première personne de la sincérité*». C'est en ces termes que je voudrais que la presse parle de mon livre. Ou alors, qu'on écrive : «*On est plié, certes, mais sous l'effet d'une hilarité douloureuse comme une colique néphrétique*», ou qu'on dise qu'il s'agit d'un «*OVNI littéraire décalé et inclassable*», comme il en passe de temps en temps dans le ciel des Lettres. Ou bien, à l'extrême rigueur, qu'on annonce que «*le trublion foutraque des lettres cachait derrière son nez de clown un Tchao Pantin bouleversant de pudeur*».

Quant à moi, si on m'interroge sur mon premier livre sérieux, j'ai prévu de répondre : «*J'étais un sac à rires, vous m'avez renversé et j'étais plein de larmes.*» Bien entendu, pour dire cela, il faudra que j'adopte la diction mal assurée d'un grand albatros baudelairien déplumé, majestueux quand il plane dans les airs de son art mais gauche et emprunté, qui bégaye et cligne des yeux sitôt qu'il touche le plancher des vaches et des plateaux de télé.

Sinon, à quoi bon faire un livre de plus ? Il y a déjà tellement d'ouvrages publiés qui ne sont pas indispensables. Pourquoi vouloir en ajouter un, à tout prix, dans les rayons, au risque d'étouffer les petits libraires ? A moins que je propose à Plon un «Dictionnaire superflu des livres pas nécessaires» ?

Ma vie sexuelle

La vérité sur le sexe des hommes : c'est un muscle.

Georges Wolinski, *La Morale*.

Peut-être suis-je simplement trop heureux pour avoir quelque chose à écrire ? Ma vie amoureuse, pour commencer, n'est-elle pas beaucoup trop banale ? M. et moi, nous formons un genre de couple à la « Cocteau-Marais » mais sans les pipes (d'opium), sans les cascades (en justaucorps) et sans les amants (dans le placard). Deux types peinards (dans notre village, on nous appelle « les deux messieurs ») qui prennent du ventre et s'emmerdent ensemble en regardant « Silence, ça pousse ». Rien d'autre à signaler. Jamais on ne se déchire dans la cuisine, jamais on ne se réconcilie au Sélect et jamais on ne jette quelques fringues dans le coffre de la Saab pour aller passer un week-end d'écriture et de passion sur la Côte d'Albâtre. Comment s'étonner, dès lors, que je n'aie pas encore fait la carrière littéraire de Camille Laurens ?

*

Je ne suis pas complètement dupe : de nos jours, on ne fait pas de littérature vendable sans un minimum de sexe explicite. Face aux images aguicheuses en couleurs d'Internet, nous ne faisons pas le poids avec nos textes exigeants en noir et blanc. Dire que le premier postérieur d'homme que j'ai vu, c'était Polnareff en robe de mariée... Aujourd'hui, j'ai l'impression que le sexe déferle sur la Toile. Non que je fréquente les sites spécialisés (quand je suis seul et émoustillé, je sublime mes pulsions en faisant des puzzles ou en traduisant Horace), mais il me semble qu'il est devenu presque impossible d'échapper à la pornographie. J'ai découvert récemment l'ampleur du phénomène en faisant une recherche sur Google. Je souhaitais embaucher une femme de ménage déclarée. J'ai donc saisi : « Femme de ménage soumise URSSAF région Est. » Google m'a répondu aussitôt : « Essayez avec l'orthographe *Bonne RUSKOFF soumise de l'Est.* » J'ai cliqué, à tout hasard, et, au lieu du site de Pôle Emploi, je suis tombé sur une vidéo dans laquelle des rouquines en string faisaient le ménage en talons hauts et dans toutes les positions pour satisfaire leurs nombreux employeurs. Une autre fois, je cherchais le site de Dick Rivers[1], mais Google, qui doit avoir des cookies me concernant, a cru que c'était de l'anglais et m'a emmené sur un site très très *gay friendly* où je n'ai

1. J'espérais percer le mystère de ses cheveux si abondants et toujours impeccables.

rien appris sur mon idole. Et je n'ose même pas confesser où je me suis retrouvé le jour où je cherchais une «minette délurée» pour tenir compagnie à notre «minou tatoué».

*

Peut-être que si j'avais réussi ma psychanalyse, je serais, aujourd'hui, moins sexuellement coincé. Je serais peut-être même carrément transgressif, désinhibé au niveau du fantasme, et je passerais à l'acte. J'aurais des plans *trash*, donc des nuits fauves, donc des amants dans le noir, donc des surprises à la sortie de la *backroom*, donc des crises de nerfs, donc de la matière à écriture. Je serais, en ce moment même, en train de raconter mes soirées moustaches, mes corps impatients, mes nuits sans Kim Wilde. J'écrirais des tas de romans nerveux, comme du jarret, tendus comme un plafond, contemporains comme du Stark. Au fameux test de Rilke : «*Mourriez-vous s'il vous était défendu d'écrire?*», je répondrais : «Plutôt deux fois qu'une, mec! A quelle heure tu finis?» Ça déborderait, ça coulerait sur les côtés, ça inonderait tout : les éditeurs, les salons du livre, les librairies... Je me lâcherais enfin, je me laisserais écrire, je me raconterais, je sublimerais mes coliques-symptômes chez P.O.L. J'aurais un chapeau d'écrivain, une barbe de Beigbeder, un anorak Kiabi à la Houellebecq. J'aurais le prix du Flore.

*

A défaut de m'avoir libéré sexuellement, mes huit ans passés en thérapie suffiront-ils pour que j'en tire quelques pages d'autofiction présentables ?

J'ai eu recours à la psychanalyse pour tenter de juguler des crises d'angoisse banales. A cette époque, je travaillais encore comme ingénieur pour une grande compagnie américaine. Le matin tôt, dans les bureaux déserts, en passant à proximité de la broyeuse à papier, il m'arrivait soudain de me demander quel type de sensations j'obtiendrais en y insérant la main (avant de commencer l'analyse, j'ignorais qu'il est rigoureusement impossible d'introduire les doigts dans une broyeuse à papier). Lentement, insidieusement, l'envie d'essayer montait en moi (je ne savais pas non plus que l'envie est l'autre versant de la peur). Ces pensées morbides me faisaient blêmir de terreur, suer d'horreur et bégayer de confusion. D'autant qu'à l'angoisse s'ajoutaient des pertes de mémoire qui me rendaient, comme l'autre soir au restaurant, brusquement incapable de me rappeler mes numéros de téléphone, mon adresse, ou pour qui j'avais voté. Un jour, en rentrant chez moi, je me suis perdu dans le métro et M. est venu me chercher aux urgences psychiatriques. Moi qui m'étais promis de toujours le faire rire, j'ai vu qu'il était triste. Comme à cette époque la psychanalyse était encore à la mode, j'ai décidé de m'étendre sur un sujet dont j'ignorais presque tout : moi-même.

*

Je viens de relire le paragraphe ci-dessus : c'est peut-être un peu court. J'imagine ce qu'un écrivain certifié pourrait en tirer. Mais sans doute est-ce une sorte d'étape inaugurale ? Je poursuis donc.

*

Avant de débuter mon exploration intime, j'ai pris le temps de choisir soigneusement mon thérapeute. Après trois essais – chez un lacanien, un jungien et un escroc –, j'ai fini par dénicher une psychanalyste qui ressemblait à ma mère. En réalité, elle était moins douce, moins belle et plus juive que ma mère, mais tellement gentille que j'aurais pu l'épouser quand même. Chez elle, ça sentait l'eau de Cologne, le bon gâteau qui sort du four et le shampoing O'Cedar à la cire d'abeille. Le divan, douillet et toujours mystérieusement tiède, était en velours brun foncé, comme chez Freud. D'ailleurs, il était si vieux que c'était peut-être le sien. Quand je m'y allongeais, je l'entendais derrière moi qui lissait sa lavallière et sortait un petit carnet dans lequel elle consignait soigneusement toute ma vie psychique. De temps en temps, elle laissait échapper un petit gloussement de satisfaction et j'étais bouleversé de découvrir que je pouvais, moi aussi, donner du plaisir à une femme. A la fin de la séance, ma chère Simone[1] me tendait sa jolie petite main douce et me

1. A un certain stade de l'analyse, quand on a achevé le transfert et le contre-transfert, on a le droit d'appeler sa psy par son prénom, sans supplément.

souriait avec indulgence, même quand je venais de passer trois quarts d'heure à lui reprocher de m'enfermer dans son amour castrateur pour me barrer la route vers les autres femmes.

*

Huit ans de psychanalyse, et une vie sexuelle entièrement dévoilée, pour quelques dizaines de lignes en plus... Je me demande comment font ceux qui en tirent plusieurs bouquins.

L'infinitif

La forme, c'est le fond qui remonte à la surface.

Victor Hugo.

Cette fois, l'hiver semble bel et bien installé, si j'en crois l'huile d'olive que je retrouve prise en masse chaque matin dans sa bouteille. Naturellement, le dépanneur de chaudière n'est pas libre avant des semaines. J'aurais peut-être dû répondre plus poliment aux enquiquineuses téléphoniques qui avaient des fenêtres isolantes à vendre. Trop tard. L'étang est gelé et moi aussi. Même le chianti a pris un coup de froid dans la cave. Comme dirait Mort Shuman :

Il neige sur le lac Majeur
Les oiseaux-lyre sont en pleurs
Et le pauvre vin italien
S'est habillé de paille pour rien

Je le sais parce qu'à l'heure de l'apéritif, il est encore glacé.

Même mon envie d'écrire s'est refroidie.

*

Pour me réconforter, je me dis que j'ai tout mon temps et que si Plon se lasse d'attendre mon manuscrit, je le publierai à compte d'auteur ou, au pire, chez Michel Lafon. Maintenant que j'ai jeté au feu mes oripeaux de bouffon, je me sens nu comme un roi et je me dis que mon livre, s'il est publié un jour, sera beaucoup trop intime, trop personnel pour que j'en fasse la promotion. Je sais ce que « vendre » un livre exige de don de soi et d'exposition médiatique. Même si je n'ai écrit, jusque-là, que des ouvrages faciles et éphémères, je les ai toujours défendus. En dix ans d'activité graphomaniaque, j'ai fréquenté toutes les remises de prix, j'ai parlé de mes ouvrages dans tous les lycées Jean-Monnet de France, j'ai « expliqué ma démarche » dans toutes les médiathèques Pablo-Neruda de banlieue, j'ai dédicacé dans tous les salons du livre, assis entre Catherine Laborde et Raymond Poulidor. J'ai répondu aux questions de chauves à cheveux longs dans des radios FM de province. J'ai pris des trains, des avions, des cuites. J'ai traversé le Midwest, la Belgique et l'Italie pour disserter, dans les alliances françaises, sur « Le pastiche, simple amusement littéraire ou critique de l'intérieur ? ». J'ai tutoyé dans les yeux l'ennui mortel des « espaces culturels », des galeries marchandes et des cocktails offerts par les conseils généraux. Avec mon ouvrage *La Joie du bonheur d'être heureux*, j'ai même été classé dans les meilleures ventes « Santé et Bien-être ». Je crois que j'ai fait le tour des figures imposées de l'après-vente. Tel J.D. Salinger, Romain Gary et Daft Punk, je voudrais vivre caché désormais. Ne plus devoir tout expliquer, même à Pascale Clark.

*

Cette nuit, pris d'insomnie, j'ai écouté la rediffusion d'une émission littéraire. Un écrivain exalté parlait de son dernier livre dans lequel il décrit la jouissance qu'il éprouve à écrire sur sa jouissance à écrire à propos de sa jouissance d'écrire. Ce matin, il fait un temps magnifique et une question surgit soudain, comme le chat qui vient de trouver le parfait endroit pour goûter l'arrivée du soleil : A quoi bon ? Je me demande si je ne devrais pas plutôt aller faire les courses avant qu'il y ait trop de monde aux caisses. Ou rejoindre le chat, au soleil.

*

Avoir soudain une idée radicale : tout écrire à l'infinitif. Trouver enfin le passage du Nord-Ouest. Déboucher les tuyaux. Ecrire. Ecrire encore. Ecrire toujours. Avoir froid. Appeler le dépanneur de la chaudière. Relire. Couper. Coller une citation pour se rassurer. Rappeler le dépanneur. Avoir les pieds bleus. Faillir être enrhumé. Réparer les vivants (et la chaudière).

Faire du feu. Moucher son nez. Ecrire. Réchauffer le cassoulet. Vérifier que d'autres écrivains n'ont pas eu l'idée avant moi d'écrire à l'infinitif. Constater que si. Abandonner (encore). Repasser à l'insignifiant de l'indicatif.

*

Herman Melville disait que commencer un nouveau livre, c'est un peu comme plonger dans la mer sans savoir si l'on va se cogner la tête ou si l'on reviendra à la surface les bras chargés d'un trésor. Ce matin, j'ai lu une interview de Claire Castillon qui a l'air d'accord avec Melville puisqu'elle explique qu'« *écrire c'est descendre, c'est abyssal* ». Quant à moi, je sens que je suis tout près du bord, presque décidé à sauter. Mais comment prévoir si je vais me fracasser le crâne en touchant le fond ou découvrir des abîmes littéraires insondables d'où je remonterai avec des perles de culture plein les bras ? Qu'est-ce qui m'attend là-dessous : une petite bosse ou le grand bleu ? Le trésor de Rackham le Rouge ou des rêves brisés de passer à « La Grande Librairie » ? Et qu'adviendra-t-il si je découvre que je n'ai pas de fond ? Je pense incontinent à Nietzsche et à son fameux sujet du bac : « La profondeur se cache-t-elle à la surface des choses ? » Si oui, qu'y a-t-il sous la profondeur ?

Les travaux et les jours

Я твой слуга, я твой Работни.
(« Je suis ton serviteur, je suis ton employé. »)

Kraftwerk, *The Robots*.

Assez tergiversé ! J'en ai plus que marre de passer mes journées à caresser le chat et l'idée d'écrire. Je dois renoncer plus radicalement à la pudeur et me lancer dans des confessions sans complexes. Parler de ma vie, de mon passé, de mes cheveux.

*

Quand j'étais étudiant, j'arborais une tignasse en désordre et je ne comptais pas mes bulbes.

Voilà, le plus dur est fait.

A l'époque, j'étais anxieux pour l'avenir alors qu'aujourd'hui c'est le présent qui m'angoisse. Peut-être que quand je serai vieux ce sera le passé qui m'inquiétera ?

Un peu modianesque mais ça donne bien le ton : on sent qu'on ne va pas du tout se marrer.

A Paris, j'ai une voisine étudiante. Elle dort si peu que moi non plus. Quand je frappe contre le mur qui nous sépare avec mes pantoufles, elle monte le volume de la musique et je finis par taper en rythme. C'est grâce à elle que j'ai découvert les Black Eyed Peas.

Bien, le détail sans intérêt qui fait authentique.

Je débarque tellement souvent en pyjama sur son paillasson qu'on a fini par broder du «voisiner-ensemble» entre nous. Une nuit, je l'ai interrogée sur son parcours universitaire mais, à cause des équivalences, des redoublements, des nouveaux masters et des joints, elle ne se rappelle plus très bien ce qu'elle étudie. Il y a si longtemps qu'elle est en fac qu'elle a perdu le fil (et ses bourses). Tout ce qu'elle sait, c'est qu'elle est en lettres et qu'elle range des livres à la FNAC.

Irruption du sociétal dans l'anecdotique : OK.

De son côté, elle a été très surprise quand je lui ai dit que j'avais fait une école d'ingénieur. Une vie de cloporte pour en arriver à écrire des blagues ? s'est-elle étonnée. Cela m'a troublé car j'ai réalisé que j'étais incapable de lui expliquer pourquoi j'ai fait Math sup alors que j'étais également admis en khâgne. Espérais-je échapper à mon destin d'écrivain ?

Il faudrait qu'à un moment je découvre Rimbaud en cours de physique quantique.

J'étais jeune, impétueux, acnéique, et j'ignorais qu'on finit toujours par tomber du côté où l'on penche. Je me sentais léger, la vie allait vite m'apprendre que mon destin s'écrirait en lettres de Plon...

Pas mal comme accroche. Peut-être aussi parler du travail dans les compagnies d'assurances ?

*

Comme Kafka et Melville, j'ai été assureur.

Excellent. ~~Creuser du côté de Bartleby ?~~ (déjà fait par Delerm).

En repensant à ma première vie professionnelle, je retrouve les odeurs fades de fin de journée. Je revois mon visage anamorphosé dans ma lampe de bureau et mon diplôme de meilleur « employé de l'année » dans son cadre en bois. J'entends la voix lancinante du marchand de marrons de la rue Saint-Lazare, sept étages plus bas, et le chantonnement de Fatou, la femme de ménage camerounaise qui me demandait tous les soirs en souriant : « Vous êtes encore là ? » en époussetant distraitement les armoires. Je l'enviais presque d'avoir un travail qui la laissait rêvasser.

Un peu trop Gavalda, la Camerounaise libre dans sa tête ?

Pour survivre à leur vie de bureau, Kafka et Melville écrivaient. Moi, je riais.

J'en avais absolument besoin car je travaillais pour

une méga corporation américaine, dirigée d'une main de maître par celui qui en avait fait la plus grosse capitalisation boursière mondiale. Appelons-le Bob[1]. Un type d'une énergie et d'un rayonnement tellement incroyables qu'on le surnommait « Neutron Bob », à cause de sa capacité à supprimer des employés tout en laissant intacts les sites de production.

Bien, le mélange de l'intime et de l'horreur économique.

Penser au sexe. Masturbation devant le Minitel de la compta ?

Erotiser les rapports de force hiérarchique ?

Dans ses mémoires[2], offerts chaque année pour Thanksgiving aux nouveaux employés, Bob révélait ses deux secrets pour réussir. Le premier : faire preuve d'audace en s'habillant de façon « décontractée » le vendredi. Le second secret était plus métaphysique : « *Tant que Dieu nous ordonne de gagner, il faut lui obéir. Si nous faiblissons, notre sanction sera l'échec et la honte.* »

Raconter l'histoire de la statisticienne morte de honte au paintball au cours d'un séminaire de team building ?

*

1. Si je l'appelle Jack, on va le reconnaître.

2. *Jack : Straight From The Gut* (« En direct de mes tripes »), Headline Publishing Group, 2003.

Nous restions tard au bureau car, dès son réveil, sur la côte Est des Etats-Unis, Bob remettait son dentier et nous bombardait de mails urgents. Dynamique et stimulant comme une pastille de DHEA, il commençait toujours ses messages en se disant «*tremendously excited*» par les prodigieux résultats du groupe et nous félicitait du «*wonderful job*» accompli. Ensuite, il nous annonçait une «*energizing good news*» comme, par exemple, la décision de rester ouvert la nuit pour travailler avec l'Asie. Certains de mes collègues n'arrivaient pas à partager l'enthousiasme de Bob et tombaient en «*nervous breakdown*».

Donner détails sur la dépression des collègues (cadres moyens, sous-France, problèmes de RER B...)?

*

Mais tout se passait dans une bonne humeur permanente car Bob encourageait l'humour comme outil de management. Durant les «conventions-cadres», des clowns d'entreprise écoutaient les débats puis, à l'aide de sketches comiques, ils nous restituaient nos résistances au changement. «*Bien employé, le rire permet de se dépasser*», disait souvent Bob. Mal employé aussi, songeais-je dans mon coin car je passais mes soirées de permanence au bureau à écrire des gags pour *Fluide Glacial* et *Jalons*. Peut-être que si je n'avais pas ri sous cape, j'aurais pleuré tout haut?

OK pour le rire salvateur.

En 1999, j'ai été envoyé dans le monde entier annoncer l'apocalypse informatique du bug de l'an 2000.

Parfait. Très houellebecquien.

Armé d'un ordinateur portable, d'une cravate Hermès achetée en duty free et d'un diaporama térébrant, j'avais pour mission de prédire, devant des assemblées d'assureurs terrorisés, les catastrophes qui nous attendaient. Je débutais mes prophéties avec la panne des ordinateurs personnels qui ne franchiraient jamais le 31.12.99, j'enchaînais avec les coupures d'électricité et d'eau potable, les arrêts d'ascenseur, les pannes de congélateur, d'automobile et de télé, et je terminais avec l'arrêt critique des centrales nucléaires, la chute des avions et de la station MIR, et l'ouverture accidentelle des prisons, libérant des hordes d'assassins ivres de vengeance.

Insister sur le côté strictement véridique de l'épisode ?

Fin 1999, j'ai achevé ma tournée en Afrique, où j'ai annoncé, dans des pays ne disposant que de quelques PC d'occasion, l'arrêt brutal de tous les centres hospitaliers et la paralysie totale de la Bourse. Je crois que c'est à Addis-Abeba, à la piscine du Hilton précisément, que j'ai décidé de plaquer mon travail sérieux pour devenir humoriste.

Développer le décalage homme blanc déprimé / Afrique pauvre et joyeuse.

*

Je viens de relire les notes que j'ai prises sur mon métier d'ingénieur dans les assurances. Cette fois, il me semble que je touche au but : faire du chiant assumé. D'ailleurs, depuis que je raconte ma vie et que j'ai arrêté les vannes, j'ai l'impression qu'elles se sont entrouvertes.

L'engagement

La vie est un tissu de poignards
qu'il faut boire goutte à goutte.

Michel Rocard.

La chaudière est réparée. Sous l'effet de la chaleur bienfaisante, mes doigts gourds se sont enfin déliés et j'ai l'impression que, désormais, je vais écrire avec facilité, voire avec plaisir. L'air semble plus léger, c'est indéfinissable. D'autant que, hier soir, l'équipe de France (je crois qu'il s'agit de football) s'est qualifiée pour la Coupe du monde, au Pérou ou au Mexique, et tout le pays, réel et inventé, semble exulter. Novembre touche à sa fin, le week-end prochain M. va sûrement installer la crèche et le sapin qui irradieront dans toute la maison la douce nostalgie de Noël et réchaufferont encore un peu plus l'atmosphère. Sous l'emprise d'un raptus d'euphorie, j'ai appelé l'assistante de Muriel Beyer, chez Plon, pour obtenir un nouveau rendez-vous. J'ai expliqué que j'avais enfin trouvé ma veine et que j'étais certain que les premiers chapitres de mon nouveau projet allaient les emballer. La rencontre est fixée dans une semaine.

*

J'étais en train d'écrire de belles pages sur mon enfance (les cheveux courts, les grandes oreilles, les oreillons...) et j'allais démarrer le portrait de ma mémé (les gâteaux, les étrennes, la moustache...) quand Saturnin a frappé à notre porte. Non seulement il ne m'en veut pas pour mes achats compulsifs de l'autre jour chez Leclerc mais il me propose de m'inscrire sur sa liste aux municipales du printemps prochain. Il souhaite proposer une coalition face au candidat pollueur de la FNSEA, et il promet l'accès à l'eau potable, sans carafe Brita, à tous les habitants de la commune s'il est élu. Contre toute attente, il est déjà parvenu à réunir 3 personnes sur les 15 requises. Sa proposition m'a pris de cours et je lui ai dit que je ne me sentais pas du tout à la hauteur de la tâche. Il a dû faire récemment un stage de dynamique de groupe avec Boris Cyrulnik car il m'a regardé fraternellement et m'a déclaré : «*Ne te fais pas si petit, tu n'es pas si grand...*» Je suis pourtant sincère quand je dis qu'en matière d'idées politiques je suis aussi perdu et démuni qu'un animateur télé sans prompteur, ni oreillette. Comment, dès lors, pourrais-je m'engager dans la vie publique alors que je ne sais même plus où j'en suis idéologiquement?

*

La proposition de Saturnin et le débat intérieur qu'elle suscite en moi m'ont interrompu dans mon élan autofictionnel. Se pourrait-il que soit venue pour moi l'heure de l'engagement ? Mon pays, mon village, mes chers compatriotes m'attendraient-ils à mon insu ? Et m'engager, ne serait-ce pas là, au fond, le meilleur moyen d'utiliser tout ce temps libre que j'ai désormais devant moi ? Quoi qu'il en soit, même si c'est pour jouer à l'écrivain, je dois d'abord mettre au clair d'où j'écris. Tout ce que je sais, à ce stade, c'est que je dois être d'obédience socialiste puisque je paie volontiers mes impôts en espérant qu'ils finiront par arriver aux profs, aux infirmières, aux magistrats, aux prisonniers, et pas trop à la cantine du Sénat. Je sais aussi que je n'arrive pas à m'habituer à la pauvreté, surtout quand elle me touche de près. Je suis, par exemple, révolté de devoir donner, en plus de mon tiers provisionnel, ma petite monnaie aux SDF qui mendient dans le métro pendant que je fais semblant de lire.

Mis à part ces quelques valeurs qui font de moi un humaniste éclairé, je suis comme tout le monde : en ces temps de changement de civilisation et de passage à la 4G, je serre les poings, les mâchoires et les fesses. Car il ne faut rien lâcher. Je sens confusément que si ça continue comme ça, il faudra que ça cesse. Toutefois, si, moi aussi, j'ai envie que ça change, que ça bouge, que ça secoue, je ne souhaite pas trop que ça saigne. Au fond, je dois être ce que Marcel Aymé appelle[1]

1. Dans *Le Confort intellectuel*, Flammarion, 1949.

« un bourgeois de gauche de sensibilité révolutionnaire ». Je dis bien « de sensibilité », car même si j'adore l'idée de révolution, avec ses grands soirs, ses tribuns en transe, ses concerts gratuits à la Bastille, ses T-shirts du Che et ses pillages d'armurerie à la bonne franquette..., je me demande si, à la fin de la fête, je ne finirai pas pendu par les tripes. Or je suis fragile des intestins et je ne me sens pas encore prêt à ce sacrifice. De plus, je n'ai aucune envie d'être jugé par un tribunal populaire, du genre de celui qui vote à *The Voice* mais en plus revanchard.

*

En fait, si je prends la peine de me scruter honnêtement, je découvre en moi une sorte de défiance – somme toute assez commune – vis-à-vis de la politique, née de démentis cinglants assénés par la réalité et de traumatismes électoraux mal surmontés. Il m'arrive par exemple de ressentir un certain scepticisme quant au fait que le changement c'est maintenant ou qu'ensemble tout devient possible. Le genre de doutes qui ne pardonnent pas en période révolutionnaire. Il faut dire, à ma décharge, qu'au cours des trois années pendant lesquelles j'ai travaillé pour Laurent Gerra à RTL, j'ai assisté de près à deux campagnes électorales, une présidentielle et une législative. On me demande parfois comment sont les politiques, « en vrai ». Les ai-je jamais vus « en vrai » ? Devenaient-ils « vrais » quand la lumière rouge du direct s'allumait ou quand elle s'éteignait ? Ou, plus tard encore, dans le couloir, dans leur voiture, leur salle de bains ? Qu'est-ce qui était « vrai », dans cette campagne ? Je me demande parfois si nous n'étions pas tous, journalistes, politiques, humoristes, électeurs, les acteurs et les coscénaristes du même docu-drama filmé par Serge Moati. Les journalistes posaient les questions qui fâchent, les politiques se fâchaient de leur mieux, les commentateurs commentaient, les humoristes humorisaient, les imitateurs imitaient, les sondeurs sondaient, les électeurs votaient et les abstentionnistes profitaient du beau temps.

*

Depuis la petite place que j'occupais à côté de la grosse machine à fabriquer le prochain Président, j'ai essayé de sonder les reins, les cœurs et les programmes des candidats. Hollande avait l'air sympa mais croyait-il vraiment au changement, et si oui, de quoi ? Sarkozy avait l'air crevé mais était-il sincèrement convaincu que c'était parce qu'il avait sauvé l'Europe ? Bayrou était dans la Lune alors qu'il se croyait au centre. Marine Le Pen faisait la gueule mais il faut dire, à sa décharge, qu'elle était en procès avec Laurent Gerra. Mélenchon mettait le feu au capitalisme bourgeois mais respectait les coupures publicitaires. Jacques Cheminade était aussi ennuyeux qu'un commissaire aux comptes jusqu'à ce qu'il se mette à promettre la colonisation de Mars et l'aérotrain Paris-Vladivostok. Nathalie Arthaud était très en colère mais on n'a jamais bien compris contre qui. Nicolas Dupont-

Aignan me faisait penser à mon cousin qui a toujours l'air d'aller à son mariage. Eva Joly avait de nouvelles lunettes mais ne se méfiait pas assez de Cécile Duflot. Philippe Poutou avait sommeil et moi aussi.

*

Je n'ai pas réussi à me faire une opinion tranchée sur le personnel politique mais j'ai pu observer quelques-uns de leurs trucs de communication, ces fameux tics que l'on grossit pour en faire des sketches. « Du mécanique plaqué sur du vivant », selon la formule célèbre. Car l'art de l'imitateur consiste à saisir ce mécanisme, parfois imperceptible, et à le rendre visible à tous les yeux, en l'agrandissant. L'imitateur fait grimacer ses modèles comme ils grimaceraient eux-mêmes s'ils allaient jusqu'au bout de leur grimace. Il devine, sous les harmonies superficielles de la forme, les révoltes profondes de la matière. Son art, qui a quelque chose de diabolique, relève le démon qu'avait terrassé l'ange. Sans doute, c'est un art qui exagère, et pourtant on le définit très mal quand on lui assigne pour but une exagération, car il y a des imitations plus ressemblantes que des portraits.

*

Les phrases qui précèdent sont presque toutes de Bergson alors que celle-ci, pas du tout.

*

J'ai découvert la technique de transformation de l'entretien en auto-interview. « Vous voulez savoir pourquoi je suis le meilleur choix pour la France ? Je vais vous le dire... » J'ai réalisé que le politique en campagne compte sur notre besoin d'être compris (vous qui souffrez de rhumatismes, qui vous levez tôt, qui rêvez d'une vie meilleure et d'une télé Samsung...). Qu'il joue avec nos désirs, nos pulsions, nos peurs (L'ennemi, c'est la finance / les Roms / les All Blacks...). Qu'il privilégie les idées simples : « Le changement sera toujours le changement... » Enfin, j'ai appris que le candidat nous connaît mieux que nous ne nous connaissons nous-mêmes car il dispose d'études quantitatives et qualitatives, précieuses et chères. J'y ai notamment lu ce que l'électeur trouve « motivant, fédérateur, cool » : le plan Alzheimer, les places en crèche, Jean Dujardin (en revanche, sont considérés « angoissant, inapproprié, culpabilisant » : la dette souveraine, Mohamed Merah, la défaite des Bleus).

Je pense donc que Saturnin n'a aucune chance aux municipales. Je vais pouvoir m'inscrire sur sa liste.

Rechute

Dieu est mort. Nietzsche aussi.

Khalil Assala.

Il a neigé, cette nuit, et la fine couche de poudreuse est encore intacte devant la maison. De temps en temps, une rafale de vent soulève une nuée étincelante de petits cristaux de glace qui chatoient dans le soleil pâle comme les lèvres d'une shampouineuse qui aurait forcé sur le *gloss* effet diamant. Je devrais sans doute me réjouir, comme un gamin, du spectacle de l'ensevelissement de mon cadre familier sous la neige. Mais j'ai appris à me méfier des émerveillements. Ils ne durent jamais. La lumière finit toujours par se rallumer, la bouteille de vin par être vide et les gens qu'on aime par mourir. J'ai déjà plusieurs hivers immaculés au compteur, je sais que la neige va fondre, que la débâcle arrivera, que la gadoue guette.

Est-ce par contraste avec la neigeuse blancheur que mon côté sombre domine, ce matin ? Ou est-ce parce que mon oncle le plus rigolo, l'un de ceux qui m'ont appris à rire quand j'étais encore empêtré dans les angoisses archaïques de l'enfance, vient de mourir d'un cancer du foie galopant ? Les dernières fois où je lui ai parlé au téléphone, il plaisantait sur ses analyses de sang qui, selon le corps médical, « sentaient le rhum ». Le jour de ses funérailles, ma tante a rappelé la petite phrase de Desproges que mon oncle aimait beaucoup citer ces derniers temps : « *Il y a si longtemps que j'attends mon cancer : je ne vais quand même pas partir sans lui...* » Même si j'ai fait le vœu d'arrêter de rire, j'ai bien été obligé de convenir, comme tant d'autres avant moi[1], que l'humour peut parfois se mettre au service d'une politesse désespérée.

*

Sur ces entrefaites, Jacques A. Bertrand, l'un de mes confrères de l'émission « Des Papous dans la tête », m'a offert son dernier livre *Comment j'ai mangé mon estomac*[2]. Il y raconte avec une élégance d'une autre époque, à la manière d'une nonchalante anecdote, qu'il a failli mourir d'une longue et cruelle maladie mais qu'il aime beaucoup trop les soupers à la lune, la pluie d'été et le crozes-hermitage (de Mercurol) pour se laisser aller à une telle extrémité.

1. Impossible de retrouver qui a dit le premier que l'humour est la politesse du désespoir : Vian, Wilde, Dac, Duhamel, Cioran, Desproges, Hollande ?

2. Julliard, 2014.

Samedi, ma lecture achevée, j'ai appelé Jacques A., à l'heure de la sieste, pour lui laisser un message. Contre toute attente, il a décroché et j'ai dû essayer de lui expliquer, la voix étranglée par l'émotion, à quel point son livre m'a touché. Je n'ai pas été jusqu'à lui avouer que la douce ironie à la Brassens avec laquelle il parle de la douleur physique, de l'angoisse et de la mort a remis en question ma détermination à vivre sérieusement.

Car en effet, en ce moment, je me pose de plus en plus de questions sur ma privation volontaire de rire. Si l'humour aide à souffrir un peu moins, protège un tant soit peu de l'angoisse, permet de dire sa peine ou sa douleur sans emmerder personne, fallait-il vraiment que je décide de m'en passer ?

*

Ce matin, il neige encore un peu et je pense à Jarry sur son lit de mort demandant un cure-dent en guise de dernières volontés. A Italo Svevo, agonisant, plaisantant une dernière fois sur « l'*ultima sigaretta* » et rassurant ses proches : « Mourir, ce n'est que cela ; mais c'est facile, très facile. C'est plus facile que d'écrire un roman. » Je songe à *La vie est belle* de Benigni. A *La Terrasse* et *Nous nous sommes tant aimés*, de Scola. J'imagine Molière, moribond, jouant malgré tout *Le Malade imaginaire*. Alors, comme Umberto Saba, je me surprends à penser que, face à la souffrance, l'horreur, les quenelles, l'humour devient parfois «la forme suprême de la bonté et de l'élégance». Tout à l'heure, si j'ai le courage de sortir, j'irai écrire dans la neige avant qu'elle ne fonde : Humour = Humilité + Amour.

*

Hier soir, je suis allé voir Laurent Gerra à l'Olympia et j'ai beaucoup trop rigolé pour quelqu'un qui est censé avoir décroché. Dans la foulée, j'ai relu tous les bouquins de Vincent Haudiquet[1], mon copain de *Fluide Glacial*. Je crois que je suis en pleine rechute.

---

1. *Mon boomerang s'appelle revient!*, Chiflet & Cie, 2007; *Vie et morts de Quentin Vachdet*, Léo Scheer, 2010; *Brèves de Confucius*, Chiflet & Cie, 2011.

Nouveau départ

Putain, merde, fait chier.
Faut tout qu'je recommence.

Virginie Despentes, *Apocalypse bébé.*

Janvier s'achève enfin et je suis redevenu sérieux. Depuis des mois que j'avais arrêté le rire, j'aurais aimé ne pas y sombrer à nouveau, mais je n'ai pas le choix : je dois tenter de réussir encore un peu mon échec, ou l'inverse. Même si un type qui broie du noir et des souvenirs dans la solitude humide et glacée de la Seine-et-Marne, à part si c'est Beckett dans sa maison d'Ussy-sur-Marne, ça n'a jamais fait un livre.

Je viens de relire les quelques pages que j'ai laborieusement rédigées depuis septembre dernier (les études, le boulot, les angoisses...) et je ne peux m'empêcher de conclure que ça ressemble à une fausse piste et à un vrai ratage. Cela m'a fait penser à une émission de radio où j'étais invité avec Enrique Vila-Matas. Il venait de publier *Chet Baker pense à son art*[1] dans lequel il dépeint un écrivain confronté à un dilemme digne de «Money Drop» : écrire à la Simenon et satisfaire les «*critiques lourdauds et [les] lecteurs cossards*» ou emprunter la voie étroite (et désertée) de Joyce dans *Finnegans Wake* pour tenter de dire l'indicible et d'écrire l'illisible. Si je repense à cette rencontre, c'est parce que je vois bien que je n'ai toujours pas choisi. Notamment parce que je ne sais faire ni du Simenon, ni du Joyce. Ni rien d'autre d'ailleurs, à part coller des citations de-ci, de-là. Mon problème, c'est que non seulement je n'écrirai jamais *La Montagne magique*, mais qu'en plus j'empêche ma souris d'accoucher d'une colline désenchantée. Alors que je devrais oser rater vraiment. Y aller carrément. Aligner les mots en totale liberté, oublier jusqu'aux règles de grammaire et de syntaxe, collectionner les synonymes, empiler les clichés, enfiler les perles, et surtout ne pas me relire, comme Katherine Pancol.

Le pire, c'est qu'en écrivant ça, je refais le vieux coup du livre en train de se faire. La page blanche, etc. De la littérature sur la littérature. Le genre de choses qui m'ont toujours fait bâiller. Ou pire, rigoler. Et demain, j'ai rendez-vous chez Plon.

*

J'ai mis une bonne demi-journée à décider de la façon dont j'allais m'habiller pour le rendez-vous.

1. Mercure de France, 2011.

Après plusieurs essais, j'ai opté pour un coupe-vent très Cap-Ferret, un jean usé mais pas trop, des chaussures anglaises élégantes mais mal cirées et un joli teint rubicond. J'ai chaleureusement remercié Muriel Beyer et François Taillandier de me recevoir à nouveau, et ils m'ont assuré que c'était avec plaisir car ils étaient très curieux de savoir où j'en étais de ma tentative de marier Gad Elmaleh et Rilke. J'ai frémi intérieurement car j'avais complètement oublié cette histoire. J'ai improvisé un mensonge en prétendant que j'avais vendu l'idée aux éditions du Cherche Midi. Ils ont eu l'air soulagé et ils m'ont demandé quel était mon dernier projet.

*

Hier soir, en rentrant de chez Plon, j'étais euphorique. Quand j'ai retrouvé notre maison bien chaude, j'ai dû faire un effort pour ne pas me précipiter sur mon ordinateur qui luisait dans l'obscurité. Ce matin, j'ai pris une bonne douche et mon exaltation aussi. Car me voici face à ma nouvelle idée de livre (qui les a emballés) : raconter mon travail pour le meilleur imitateur de France, dans le quart d'heure radiophonique le plus écouté de France, sur la première radio de France, aux côtés du meilleur auteur de France, Albert Algoud.

Comment n'y avais-je pas pensé plus tôt ? J'y vais.

La vie en trois lettres

Tata Tatata.

Jingle officiel de RTL.

J'ai travaillé trois ans pour Laurent Gerra, à RTL. Tous les matins, j'attendais, réveillé par la peur de ne pas me réveiller, que le réveil sonne enfin. Puis je prenais l'un des premiers métros, qui sentent l'après-rasage, la crème de jour, les rêves inachevés et la vie matérielle. J'y croisais des femmes de ménage qui venaient de finir leur journée et des cadres au bout du rouleau qui commençaient la leur. En arrivant devant les studios de la rue Bayard, je saluais les bouvardiens, qui attendaient déjà, par tous les temps, l'arrivée de leur maître, puis je récupérais, posé devant la porte de notre petit bureau aux murs tapissés de coupures de presse, tous les journaux du jour. De *L'Equipe* à *La Croix*, de *Libération* à *Gala*, du *Monde* à *Voici*, de *Télérama* à *Hot Vidéo*, à peu près tout ce qui s'imprime était là, gros tas d'images et de textes, ligoté par le Service Courrier à l'aide d'une ficelle à l'ancienne. Il n'y avait qu'à se baisser pour récolter l'écume du jour. J'avoue que, devant les kilos de papier à défricher, il m'est arrivé de penser à nos amis les arbres et à Thoreau qui disait que, pour se tenir informé, il suffit de lire un journal tous les dix ans. Heureusement, une fois ouverts, la plupart des journaux se ressemblent.

En trois ans d'écriture pour la matinale de RTL, j'ai assisté, de l'intérieur d'un grand média, à un tsunami, un accident nucléaire, des attentats, une réélection de président américain, des prises d'otages, une fin du monde, ainsi qu'au plus gros scandale politico-sexuel non étouffé de ce début de siècle.

Pour la fin du monde, prévue par les Mayas le 21 décembre 2012, j'étais dubitatif. Depuis la terreur de l'an 1000 selon saint Jean, l'apocalypse de 1999 selon Paco Rabanne et le bug de l'an 2000 selon moi-même, j'ai appris à me méfier. A juste titre, car le lendemain de la fin des temps, nous sommes nombreux à être allés faire notre jogging en regrettant secrètement qu'au fond il ne se passe jamais rien d'intéressant.

En ce qui concerne l'affaire DSK, aujourd'hui que j'ai arrêté de rire, je me dis que nous avons été cruels dans nos sketches. En faisant du possible prochain président de la République un narcissique ordinaire sous l'emprise de pulsions de jouissance tyranniques, nous avons donné un dénouement de farce salace à des années de savante stratégie, de glose, de livres et de pronostics. C'est vrai qu'on ne respectait rien, même pas les plans de communication d'Euro RSCG.

*

Cette fois, je suis lancé et rien ne pourra m'arrêter. Demain, je ferai le portrait de Jade, au rire si contagieux, qui donne la réplique à Laurent.

*

Cette nuit, j'ai fait un rêve terrifiant. Il était 8 h 45, j'étais dans notre maison et je sentais soudain qu'une présence obscure l'enveloppait. Pour en avoir le cœur net, je décidai de sortir et, à peine avais-je ouvert la porte, j'inhalai à pleins poumons une espèce de brouillard brun qui m'imprégnait jusqu'aux os d'une terreur glacée. J'essayai d'appeler M. pour le prévenir que dehors l'air était irrespirable, qu'il fallait qu'il rentre au plus vite, mais il était bloqué dans les embouteillages et il ne pouvait pas m'entendre car il riait très fort en écoutant un de mes sketches à la radio...

*

Mon cauchemar a coupé net mon élan narratif et m'a remis en mémoire la lettre de mon ami Louis, reçue à la fin de la saison dernière : « (...) *Tous les matins, à neuf heures moins le quart, je suis coincé dans les embouteillages et je vois les automobilistes, autour de moi, secoués de rire à leur volant. Heureusement que vous êtes là, vous les comiques, vous nous aidez à tenir...* »

Une myriade de questions, redoutables, imparables, niveau Master 2 de socio, ont fini par émerger à ma conscience : en écrivant pour l'humoriste le plus écouté de France, ai-je contribué à l'aliénation de millions d'auditeurs ? L'humorisme de masse est-il un totalitarisme ? Qui a dit « le rire contemporain est une forme d'incivilité », et pourquoi ?

Comment pourrais-je aller plus loin dans mon récit des années de rigolade à RTL tant que je n'aurai pas trouvé de réponses claires à toutes ces questions ?

Des doutes

Qui pleure vendredi,
Dimanche ne saura quoi faire.

François Cavanna, *Humour secret.*

J'ai décidé de réunir de la documentation sur le rire. Mon ami Guillaume Zorgbibe, qui est éditeur, libraire et philosophe à ses heures, et qui connaît tout sur tout, m'a fourni une liste de textes consacrés à l'humour. Lui-même a d'ailleurs édité *Le Rire étrange*[1], de Jean-Luc Giribone, qu'il a promis de m'envoyer.

J'ai commencé mes lectures par *La Dérision ou la Joie*[2] de Denis Vasse, jésuite et psychanalyste. Il y est question du *désir* qui devient *déris*. Comme la densité de sa pensée dépassait mes capacités intellectuelles, je me suis rabattu sur un entretien en français courant dans lequel il explique que la dérision « annule

1. Editions du Sandre, 2008.
2. Le Seuil, 1999.

la vérité en la disant» et qu'en cela elle est un symptôme de la folie.

Pour m'en remettre, j'ai relu *L'Arc-en-ciel des humours*[1] de Dominique Noguez en savourant dans le désordre son fameux premier chapitre où il propose quelques définitions de l'humour : «Un doigt coupé trouvé dans la soupe, la lune perdue dans une gare de triage, une équation à dix inconnues, un évêque tatoué, deux lapis-lazuli, faire des chatouilles à un mourant, une paire de fesses légèrement dissymétriques, Kant ivre mort, la main du chirurgien dans la vésicule du zouave, l'étendue du désastre, Dieu grossi mille fois...»

Un peu rasséréné, j'ai attaqué *Homo comicus ou l'intégrisme de la rigolade*[2] de François L'Yvonnet. Il a confirmé mes craintes quant aux automobilistes qui rigolent dans leur voiture car l'auteur affirme qu'il n'y a «*rien de plus stérile et de plus anesthésiant que de se tenir les côtes pour se tenir les côtes*» et que «*rassasié de rigolade, le peuple pourra rejoindre sa couche*» (il ne précise pas combien de temps il mettra s'il y a des embouteillages). L'Yvonnet écrit aussi que les humoristes sont «*la solution la plus facile, à l'absence de débat, de critique, de réflexion politique* [et qu'ils] *fleurissent sur la décomposition des convictions et des idées*». Comment nier que je me suis beaucoup moqué des idées, surtout décomposées ? J'ai enchaîné

1. Le Livre de Poche, 2000.
2. Mille et Une Nuits, 2012.

avec Finkielkraut. Je l'abordais avec la confiance que j'accorde généralement aux nostalgiques chroniques et aux adversaires colériques de la modernité radieuse. Hélas, selon lui, j'ai été le complice d'un «*clown gueulard*» et, à ce titre, j'ai ma part de responsabilité dans le «*déferlement de la dérision qui s'abat sur toute forme d'autorité ou d'éminence*». Il ajoute que les comiques font de nos autorités «*les rois ridicules d'un carnaval sinistre*». Je suis donc allé voir ce qu'en dit Bakhtine, qui est très calé en carnaval. J'ai appris que cette façon de rire, carnavalesque, qui rend les puissants grotesques, détruit «*le sérieux unilatéral et toutes les prétentions à une signification et à une inconditionnalité située hors du temps*». Et si Finkielkraut, L'Yvonnet et Bakhtine avaient raison? En faisant rigoler du pouvoir, des éminences et de l'autorité, ai-je contribué à mettre en danger l'ordre immanent des choses, voire la réélection de François Hollande ou les chances de Fillon?

C'est vrai que mes années de rigolade m'ont rendu dubitatif envers ce qui se passe (et envers ceux qui nous l'expliquent). Je songe à certains matins où, à peine l'invité politique avait-il quitté le studio, nous «refaisions» son interview en dévoilant ses incohérences, ses éléments de langage préfabriqués et ses éventuels mensonges. Ai-je ainsi contribué au désenchantement du monde, en général, et du mien en particulier? Selon Michel Serres, cet esprit de dérision et de mise à distance permanente est le symptôme d'une «*souffrance des humeurs chez l'humoriste*» qui résulte d'un «*désordre psychologique*». Hélas, il ne précise nulle part quel doit être le bon ordre psychologique. Et si Serres, Finkielkraut et L'Yvonnet avaient raison ? Si mon doute perpétuel n'était pas ce mol oreiller dont parle Montaigne mais une maladie de l'âme ?

Je crois que je commence à douter de mon doute.

*

Je profite de la douceur exceptionnelle de cette fin d'hiver pour marcher en réfléchissant sans concessions à mon ancien métier d'humoriste. Je suis à la fois stupéfait et furieux (contre moi-même). Je rumine notamment cet article de Finkielkraut où il parle des ravages du rire contemporain en rappelant que «*La barbarie riait à gorge déployée*», et, enfonçant le clou là où ça fait mal, que «*Le rire contemporain est, entre l'injure et le crachat, une forme d'incivilité*». Un peu plus loin, il nous abjure de ne pas confondre le bon humour et le mauvais humour (mais sans jamais préciser ce qui est drôle et ce qui fait semblant de l'être). Je me retrouve donc seul face à mes interrogations : comment distinguer le rigolo du barbare, le vrai humour du faux et L'Yvonnet de Finkielkraut ? Qui et que choisir ? La barbarie (qui rigole) ou la civilisation (qui fait la gueule) ? Le camp des lanceurs de crachats ou celui des lanceurs d'alertes ? Jean-Marie Bigard ou Caroline Fourest ?

J'ai cherché des réponses du côté des philosophes antiques, mais là aussi, ça se dispute. Il y a deux écoles : Démocrite qui rit tristement de la bêtise humaine et Héraclite qui en pleure. Du coup,

Démocrite passe pour fou, et Héraclite pour dépressif et rabat-joie. Je me demande si je n'ai pas longtemps été démocritien et que, dernièrement, je me suis rapproché d'Héraclite. A moins que je n'aie toujours été un dépressif qui se marre.

*

Je suis de plus en plus égaré dans mes débats d'idées intérieurs. J'ai découvert sur Internet une interview récente de Michel Serres pour France Info[1] dans laquelle il explique que le rire peut tuer. Il raconte notamment comment Aristote a écrit une comédie rendant Socrate ridicule et comment, quelques années plus tard, les tribunaux ont condamné Socrate à mort... Il évoque aussi Maupertuis, critiqué par Voltaire, et rappelle que Maupertuis en est mort. Déjà au moins deux cadavres, victimes du même rire assassin !

Moi aussi, j'ai été le complice d'attaques *ad physicum* odieuses : l'œil de verre de Le Pen, le double menton de Balladur, la teinture de Hollande, la petite taille de Sarkozy... Mais ce n'est pas nous qui avons commencé : Aristophane, Plaute, Naevius et d'autres se moquaient déjà des bossus, des nains, des manchots, des obèses, surtout lorsqu'ils étaient puissants et respectés. Dois-je me sentir comptable de siècles d'outrages gréco-romains ? Même chose en ce qui concerne l'obsession pour le très bas qu'on reproche

1. Chronique « Tout sur le rire », Michel Serres, Michel Polacco, France Info.

tant aux «comiques de masse». Elle a déjà été condamnée par les docteurs de la Sorbonne, et c'est Rabelais qui a commencé (j'ose d'ailleurs à peine imaginer le savon que lui passerait La Bruyère, si l'auteur de *Pantagruel* était invité dans «Répliques» sur France Culture).

Heureusement, à la fin de l'interview de Michel Serres sur le rire, il admet que si on ne peut pas rire de tout, on a quand même le droit de rire de rien, car ce rire-là ne fait de mal à personne. Il cite des exemples de rire positif, comme cette charade cocasse : «*Mon premier est un instrument de musique, mon second est un sein et mon tout sert à la chasse à courre dans les soutiens-gorge*[1].» Mais comment arriver à ce niveau d'humour sans danger, situé quelque part entre le Carambar et l'infini ?

*

Un bon humoriste est-il un humoriste mort (comme Devos et Desproges) ?

*

Le bouquin de Giribone, *Le Rire étrange*, est arrivé au courrier de ce matin. M'attendant à un énième sermon culpabilisant sur les ravages du rire, je l'ai commencé par la fin et je suis tombé sur ce

1. Le cornichon (cor : l'instrument de musique, et nichons : les seins des petites femmes nues).

passage : « *Quant au comique, il semble qu'il faille toujours le défendre contre ses détracteurs [...] Il peut s'avilir en grossièreté, en vulgarité, voire en bêtise. Il se dégrade facilement car il est instable. Or il faut le défendre contre ces abâtardissements car sa fonction est essentielle. Il est le parent du rêve. [...] Il manifeste la fragilité essentielle du sens humain, mais nous donne les moyens de l'exorciser. [...] Voilà pourquoi il convient de le prendre au sérieux.* »

J'ai commencé à douter de mon doute à propos de mes doutes.

Le grand voyage

J'me tire,
Me demande pas pourquoi,
J'suis parti sans motif.

Maître Gims, « J'me tire ».

Pendant que je potassais ma documentation sur le rire, le printemps en a profité, sans crier gare, pour ramener sa fraise et ses asperges. Hier après-midi, de la fenêtre de la salle de bains où je vérifiais si mes nouveaux bulbes capillaires, promis pour fin mars, étaient bien arrivés, j'ai pu observer le retour des premiers cyclistes en bermudas fluo. Depuis quelques jours, la vie repart de plus belle. A la salle polyvalente, les cours de danse country ont repris sous le préau. Les plantes frémissent, les insectes vrombissent et mes nuits raccourcissent. Car dès l'aube, les oiseaux cacardent, babillent, pépient, gazouillent, se chamaillent sur le rebord de la fenêtre de ma chambre, réveillant tout le village et abrégeant mes mauvais rêves où il est question d'année perdue à me prendre pour un écrivain, de doutes en rafales et de barbares qui rient à gorge déployée.

Ce matin, de guerre lasse, encore ensommeillé et ébahi face au mystère des grands rythmes naturels et au boucan que réussissent à faire de si petites bêtes, je me suis fait un café et je suis sorti assister à la lente ascension du soleil en regrettant de ne pas avoir le permis de chasse. Tandis que la douce lumière du levant progressait silencieusement dans la rue, saupoudrant d'or les premiers bourgeons des tilleuls et la Twingo NRJ de la voisine, j'ai songé au temps que j'ai perdu, ces derniers mois, à essayer d'ajouter des paroles sérieuses – mes dérisoires et inutiles paroles – sur la symphonie toujours inachevée du monde, comme on dit dans les PowerPoint que m'envoie ma mère. Quelle prétention ! Le retour du printemps me met devant le spectacle d'une gigantesque intrigue dont le sens et la finalité m'échapperont toujours et que je serai, à jamais, impuissant à raconter aussi bien que Saint-John Perse ou Jean Saint-Josse. Alors ne vaudrait-il pas mieux s'avouer vaincu ? Et regarder la Nature, regarder le ciel, regarder les déserts de boue, gorgés de poisons, redevenir malgré tout des champs de betteraves et des océans de blé. Observer les troupeaux de quads qui bondissent dans les chemins. Regarder éclore les jonquilles, pousser les narcisses, passer les solstices, s'allonger les jours. Attendre les équinoxes en tirant des plans sur l'écliptique. Tout laisser tomber, arrêter d'espérer les « grandes choses » promises par ma copine Claire à l'automne dernier et me reposer, tout simplement. Après tout, je n'avais que ça à faire, cette année, et je n'y suis pas encore arrivé.

*

Mais nous sommes deux et je ne suis pas tout seul. L'été dernier, quand j'ai annoncé à M. que j'arrêtais de travailler pour la matinale de RTL, il m'a dit que nous allions enfin pouvoir prendre des vacances de printemps en évitant la cohabitation avec les zones A, B et C (qui font monter le prix des voyages en train et le niveau sonore des avions). Je suis d'humeur tellement bouddho-àquoiboniste en ce moment que j'espérais qu'il avait oublié cette idée, mais hier, il m'a demandé si j'avais commencé à réfléchir à une destination. Pris de court, j'ai proposé la Nouvelle-Zélande. Pourquoi la Nouvelle-Zélande ? Pas uniquement pour les rugbymen qui débordent de leurs shorts mais parce que c'est loin et que j'ai envie d'être très loin, même si je ne sais pas exactement de quoi. M. a accepté immédiatement car il paraît qu'on trouve, dans l'île du Nord, les derniers Kauris de la planète, des arbres si vieux qu'ils poussaient bien avant qu'on ait inventé la déforestation massive. Naturellement, Saturnin (qui a finalement obtenu 0,3 % des voix aux municipales) n'a pu s'empêcher de me faire remarquer que j'allais chercher aux antipodes ce que j'avais déjà à portée de main sans le voir. A quoi bon traverser les océans, brûler des tonnes de kérosène et regarder la Terre en touriste consommateur de beauté, alors que la vraie vie était là, à ma porte, et qu'elle n'attendait que ma bonne volonté pour me combler encore davantage (par exemple, si je participais au potager communautaire que Saturnin a décidé de créer) ? Heureusement, les billets d'avion étaient déjà achetés et nous nous en sommes tirés en lui promettant de biner le jardin partagé dès notre retour.

*

A Auckland, dès l'aérogare, j'ai senti le choc. Un souffle barbare, un remous hard rock. Comme Nougaro, miraculeusement ressuscité à New York, je me suis mis à espérer secrètement que ce si long voyage serait peut-être, pour moi aussi, l'occasion d'une régénération profonde. J'avais d'ailleurs pris soin d'emporter un petit carnet de notes afin de pouvoir y relater ma métamorphose éventuelle (j'escomptais vaguement que si je rapportais un bouleversant récit de ma renaissance, Plon accepterait peut-être de prendre mon voyage en note de frais).

Ces vacances ont été merveilleuses. Je ne trouve pas d'autres mots pour en parler. Tant par la beauté de ce que nous avons découvert que grâce aux contacts humains que nous avons noués. Chaque soir, dans les *Bed and Breakfast* où nous avons fait halte, j'ai été touché par l'accueil qui nous était réservé. A peine avaient-ils compris que nous étions français que je sentais un mélange d'admiration et de crainte s'emparer de nos hôtes. J'ai d'abord attribué cette réaction au fameux « effet BHL » que l'on provoque lorsqu'on a la chance d'habiter le pays des droits de l'homme et du TGV. Je rajoutais alors un peu de *french touch* pour leur faire plaisir, en me déclarant écrivain et en laissant entendre que j'étais «*big in* France» (après tout, vu de Nouvelle-Zélande, je suis largement aussi *big* que Foenkinos). Ce n'est qu'au bout d'une semaine que j'ai compris la réaction de nos logeurs quand ils découvraient notre pays d'origine : nous suivions, à quelques jours de distance, le même itinéraire que Paul-André et Zaza, un couple de Parisiens qui laissaient scrupuleusement des commentaires (en français) dans les livres d'or des gîtes. Avis enthousiaste : «Sublime vue sur le fjord, mélange d'Auvergne, de Corrèze et de Biarritz.» Remarques aigres-douces : «Pam et Charles sont de belles personnes mais leur café c'est l'innommable.» Ou jugements définitifs : «Médiocrité, j'écris ton nom sur le couvre-lit en velours et sur les rideaux à losanges.» Il y en a qui aiment leur banque, moi j'aime mon pays.

*

Je n'ai rien écrit dans mon carnet Moleskine, mais ce voyage en Nouvelle-Zélande m'a fait beaucoup de bien. Un beau matin ensoleillé, attablé devant un *fish and chips* rendu encore plus délectable par la vue que j'avais sur les Marlborough Sounds, j'ai réalisé que Saturnin avait raison : j'avais déjà dans ma vie tout ce qu'il faut à un homme pour être heureux tant qu'il n'est pas encore malade. J'ai alors compris, peu à peu, pourquoi j'avais eu envie de partir si loin. Cette fuite, la tête en bas, à l'autre bout du globe, ne ressemblait-elle pas un peu à la posture de l'humoriste qui a besoin, pour regarder le monde, les gens, la vie, d'en être éloigné ; de les aimer depuis l'autre rive ?

Certains, comme Saturnin, sont naturellement doués pour la paix, la communion et la joie sans intermédiaires ; d'autres ont besoin de rire pour supporter leur bref passage terrestre ; de ce rire dont Kundera dit qu'il est cet «*éclair divin qui découvre [...] l'homme dans sa profonde incompétence à juger les autres. Cette ivresse de la relativité des choses humaines ; le plaisir étrange issu de la certitude qu'il n'y a pas de certitude*». J'ai senti, ce matin-là, que je retrouvais tous mes doutes (ainsi que tous mes doutes sur tous mes doutes) et que c'était moi et que c'était bon.

Peu à peu, j'ai oublié mon carnet de notes, mon projet de me réformer et l'heure qu'il était en Europe. Je me suis abandonné à la beauté du monde, à l'amour du vivant, du créé (et de son Créateur pendant que j'y étais), à l'appel des routes infinies et du cabernet-sauvignon, à la lumière diaprée des glaciers, à la splendeur du vol plané des albatros... Et j'ai observé, avec les yeux émerveillés d'un enfant bientôt chauve, la démarche présidentielle des pingouins bleus en laissant s'abolir en moi toute velléité d'en écrire un mot ou même d'en faire un sketch.

On a beaucoup ri

Quelle mâle gaieté, si triste et si profonde
Que, lorsqu'on vient d'en rire, on devrait en pleurer !

Alfred de Musset, *Une soirée perdue.*

A mon retour en France, j'ai trouvé des températures estivales, un nouveau Premier ministre, une classe politique en émoi, les arbres couverts de feuilles et une invitation à la rétrospective « Les mondes de Gotlib ». J'ai écrit à Gotlib pour le remercier et lui expliquer les raisons de mon long silence. Il m'a aussitôt répondu :

« *Cher Pascal,*

« *Lorsque j'ai appris que tu avais préféré la Nouvelle-Zélande à mon expo, j'ai éclaté en sanglots. Ensuite, après m'être mouché, je me suis calmé et j'ai réalisé que je ne t'avais jamais envoyé cette invitation. En fait, je n'ai pas du tout pensé à toi, maime si ça m'arrive de temps en temps (le correcteur d'orthographe refuse "maime" mais je l'emmerde). Cette invitation a dû t'être envoyée par* Fluide, *mais je t'embrasse quand maime! (ta gueule).*

«Marcel.»

Peu importe, j'irai dès que possible me plonger dans l'œuvre du maître. J'en suis à près de neuf mois sans rire (en omettant ma petite rechute de fin d'année) et je pense être assez fort, désormais, pour m'autoriser un grand écart de conduite.

*

Avec les premiers départs en vacances, la fièvre brésilienne qui monte et le retour imminent du Tour de France, ma saison de recul, de sérieux, de réflexion, d'isolement, de chaudière en panne, de rhumes à répétition et d'essais de m'inventer une autre vie touche à sa fin. En regardant par-dessus mon épaule, je m'aperçois que, si j'ai finalement plutôt bien supporté mon abstinence de rire, j'ai gaspillé beaucoup trop de temps en vaines tentatives d'écrire. Quelle naïveté a bien pu me laisser croire que, sous prétexte qu'on sait gribouiller quelques sketches ou chroniques, on a l'étoffe d'un littérateur?

Je repense à Melville et à son image de l'écrivain-plongeur. Ce n'est pas sur le fond des choses que je me suis cogné la tête mais plutôt à la surface.

J'ai pris rendez-vous chez Plon. Je vais leur dire, les yeux dans les yeux, que j'abandonne. Qu'il n'y a aucun livre viable à attendre d'un humoriste – milieu de gamme et même pas belge – qui essaie de se mettre à la littérature. Condamné à rire je suis, pasticheur je reste. Mais ma tentative d'évasion aura au moins servi à mieux me faire comprendre ce qui cloche chez moi : je me souviens d'une émission littéraire dont j'étais l'un des invités, aux côtés de Marie Darrieussecq. François Busnel avait demandé à Marie ce qu'elle pensait de mes pastiches. «*Je prends la littérature trop au sérieux pour goûter cela*», avait-elle répondu. Aujourd'hui, parvenu au bout de mon échec, je saisis enfin ce qu'elle voulait dire. Pour devenir écrivain, j'aurais dû faire comme elle, et comme tant d'autres, qui ont compris depuis longtemps que s'ils ne se prenaient pas au sérieux, personne d'autre ne le ferait à leur place.

*

En attendant l'heure de mon train pour la capitale, je range ma documentation sur l'humour. En classant des coupures de presse, j'ai remis la main sur l'éditorial d'un supplément littéraire, plutôt bien troussé, qui remarquait : «*Le problème des comiques, c'est que parfois ils ne sont pas drôles ou plutôt qu'ils ont cessé d'être drôles. Marc Levy écrit mal, la belle affaire. Il suffit de ne pas le lire. Christine Angot est illisible. Et ça vous fait rire ?*»

J'avoue que oui, à l'époque, ça me faisait beaucoup rire. Et qu'aujourd'hui aussi, pour être honnête, peut-être encore un peu.

Et puisque je suis face à des échéances qui ont un certain rapport avec la sincérité, je crois venu le moment de dire, haut et fort, que j'ai aussi beaucoup ri du temps où je travaillais avec Laurent Gerra et Albert Algoud. Et Jade.

Pour bien faire ce boulot, il faut être superficiels, légers, d'une bonne humeur forcenée. Nous ne l'étions pas toujours, mais pendant que nous faisions mine de l'être, nous l'étions un peu quand même, et c'était toujours ça de pris.

Le matin, j'étais souvent le premier dans notre bureau de RTL. Puis arrivait Laurent qui venait de trouver, en chemin, une idée pour la phrase d'entrée ou une chute plus efficace pour l'un des textes du jour. Ensuite débarquait Albert. On l'entendait, du fond du couloir, imiter le président chinois ou ahaner un tube de François François. Certains matins d'euphorie (ou de déprime) exceptionnelle, il lui arrivait d'exécuter une roulade devant la porte du bureau ou de nous excommunier solennellement en prenant la voix du Père Albert. Le jour se levait, les conneries recommençaient. Comme des gamins malfaisants font le récit de leurs coups pendables, nous nous racontions nos idées de sketches qui n'auraient aucune chance de passer à l'antenne. C'était notre échauffement. Imperturbable et souriante, Jade nous rejoignait, et ses rires, à la lecture des sketches du jour, éclairaient les petits matins les plus sombres. A 8h30, nous descendions au studio de la matinale piller le buffet de viennoiseries et observer, de loin, l'invité du jour, assis à l'immense table blanche du petit déjeuner, débattre avec la rédaction. A 8h45, Laurent et Jade officiaient, Albert et moi, nous riions encore un peu, ou beaucoup, selon l'humeur, l'ambiance, la fatigue accumulée. A 9 heures, nous reprenions sans transition nos vies respectives, jusqu'à la réunion de l'après-midi. Je rentrais souvent chez moi à pied, dans un état voisin du rêve.

Je me souviens aussi (avec nostalgie, je me l'avoue enfin) de nos séances d'écriture vespérales qui devenaient des dîners. Non contents de «*subvertir les institutions et de bousculer les autorités morales*», comme disent les philosophes du rire, je crois que nous avons surtout trop mangé, trop chanté, trop bu. Trop rigolé aussi.

J'ai beaucoup aimé, maintenant que j'y repense, ces nuits trop courtes où, malgré le direct du lendemain, Laurent nous proposait de boire un dernier verre, d'improviser une fondue aux ceps, de regarder un film muet, de goûter un bourgogne d'après-minuit en écoutant une dernière chanson : Brassens, Mouloudji, Jean-Claude Pascal, Dean Martin, Salvador, Bécaud, Aznavour, Ferré, Caussimon... A l'aube, à quelques heures de retrouver les studios de RTL et de faire pouffer les automobilistes coincés dans les embouteillages, Bernard Dimey, qui avait le vin un peu plus mélancolique que nous, concluait la nuit :

C'est peut-être au Gerpil, à l'heure du délire
A l'heure où l'on zigzague, en croyant marcher droit
Que j'ai vu mélanger le meilleur et le pire
Et la droite et la gauche et l'envers et l'endroit
Et mourir quelquefois, un peu comme on rigole

Un condamné à rire s'est échappé

Spectacles étonnants qui ne m'ont rien appris
Pourtant ce fut pour moi une excellente école
Car ce qui ne vaut rien n'a jamais eu de prix.

Alors laissez-moi rire.

Remerciements

Je remercie chaleureusement :

Muriel Beyer, pour sa confiance aveuglée.

François Taillandier, conseiller éditorial et accoucheur sans douleur.

Vincent Haudiquet, le type le plus drôle de Paris (et de la petite couronne).

Guillaume Zorgbibe, ami, éditeur, bon planeur, philosophe à ses heures.

Annick Guendafa, première lectrice.

Et tous ceux avec qui j'ai eu la chance de rire et d'apprendre à faire rire (par ordre d'entrée en scène) : Marcel Gotlib, Bruno Léandri, Daniel Goossens, Basile de Koch, Albert Algoud, Jean-Loup Chiflet, Laurent Gerra...

La photocomposition de cet ouvrage
a été réalisée par
GRAPHIC HAINAUT
59163 Condé-sur-l'Escaut

Imprimé en France
par CPI Bussière
à Saint-Amand-Montrond (Cher)
en juin 2014

Achevé d'imprimer : juin 2014
Dépôt légal : septembre 2014
N° d'impression : 2010631